YVES BEAUCHEMIN

Yves Beauchemin est né à Noranda en 1941. Après ses études primaires à Clova, dans son Abitibi natale, et ses études classiques au Séminaire de Joliette, il obtient une licence en lettres de l'Université de Montréal (1965). Il touche à l'enseignement et travaille un temps dans une maison d'édition avant d'entrer à Radio-Québec où il se consacrera longtemps à la recherche dans le domaine de la musique, l'une de ses grandes passions. Son premier roman, *L'enfirouapé* (1974), couronné du Prix France-Québec, l'impose déjà comme un écrivain des plus talentueux, capable de rejoindre un large public. En 1981, il publie *Le matou* qui le propulse aux premiers rangs des auteurs les plus lus au Québec et en France ; traduit en une quinzaine de langues, ce bestseller lui assure aussi un rayonnement international. Chaque nouveau livre d'Yves Beauchemin, qui crée également des œuvres pour les jeunes lecteurs, se transforme en véritable événement.

DU SOMMET D'UN ARBRE

À travers les différents chapitres d'un journal qu'il rédige à la fin des années 1970 et au milieu des années 1980, Yves Beauchemin revit son enfance en Abitibi, puis son arrivée à Montréal où ses études l'ont conduit. Plus tard, on le suit dans sa vie d'écrivain. Utilisant le style qui lui a valu l'admiration et la fidélité de si nombreux lecteurs, l'auteur du *Matou* et de *Juliette Pomerleau* aborde les sujets qui lui tiennent à cœur : la vie de famille et la vieille maison qu'il habite avec sa femme et ses enfants, l'écriture, la musique, Montréal, cette ville qu'il aime tant depuis qu'il l'a découverte au début des années 1960, et le Québec... Tendresse et ironie se mêlent souvent dans ces pages dont on sort avec l'impression d'avoir écouté un ami, qui est l'un des grands écrivains québécois et, surtout, l'un des plus attachants.

D1002734

DU SOMMET D'UN ARBRE

Yves Beauchemin

Du sommet d'un arbre

Journal

Nouvelle édition

BIBLIOTHÈQUE QUÉBÉCOISE

BQ BIBLIOTHÈQUE QUÉBÉCOISE est une société d'édition admi-
nistrée conjointement par les Éditions Fides, les Éditions
Hurtubise HMH et Leméac Éditeur. BIBLIOTHÈQUE QUÉBÉ-
COISE remercie le ministère du Patrimoine canadien du soutien qui lui
est accordé dans le cadre du Programme d'aide au développement de
l'industrie de l'édition. BQ remercie également le Conseil des Arts du
Canada et la Société de développement des entreprises culturelles du
Québec (SODEC).

BIBLIOTHÈQUE QUÉBÉCOISE bénéficie du Programme de crédit d'impôt
pour l'édition de livres du Gouvernement du Québec, géré par la
SODEC.

Conception graphique: Gianni Caccia
Typographie et montage: Dürer *et al.* (MONTRÉAL)

Données de catalogage avant publication (CANADA)
Beauchemin, Yves, 1941-
Du sommet d'un arbre: journal
Éd. originale: Montréal: Québec Amérique, 1986.
Publ. à l'origine dans la coll.: Collection Littérature d'Amérique.
ISBN 2-89406-204-4

1. Beauchemin, Yves, 1941-   – Journal intime.   2. Romanciers
québécois – Québec (Province) – Journaux intimes.   3. Romanciers
québécois – 20ᵉ siècle – Journaux intimes.   I. Titre.

PS8553.E172Z53 2001   C848'.5403   C2001-941282-7
PS9553.E172Z53 2001
PQ3919.2.B42Z47 2001

Dépôt légal: 4ᵉ trimestre 2001
Bibliothèque nationale du Québec

IMPRIMÉ AU CANADA

*À mon père et à ma mère
à qui je dois l'amour de la vie*

Enfance

Mon père travaillait pour les Américains. Pendant 19 ans, il avait été vérificateur en mesurage et responsable de la protection des forêts à Noranda pour le gouvernement du Québec (la Couronne, comme on disait alors) au salaire de 1200 $ par année. Un jour, on lui offrit un emploi à la Canadian International Paper Company, une filiale de l'International Paper de New York. Il obtenait du coup une augmentation de 600 $. À l'époque, ce n'était pas rien. La compagnie l'envoya en Abitibi dans un petit village de 30 familles affublé du curieux nom de Clova, qui était le centre des opérations forestières de la région, où travaillaient 2500 hommes. C'était en 1945. Quelques mois plus tard, nous venions le rejoindre. J'avais cinq ans. Mon frère François en avait trois. Je portais des lunettes aux verres épais qui me faisaient des yeux de grenouille et j'avais déjà toutes mes qualités et mes défauts. En apprenant son affectation, ma mère avait soupiré (elle a toujours préféré la ville à la campagne), puis s'était stoïquement lancée dans les préparatifs du déménagement, enceinte d'un troisième enfant qui allait être ma sœur Danielle.

Je me rappelle très bien notre arrivée à Clova. C'était un soir de mai. En descendant du train (on ne pouvait accéder au village que par train ou, à grands frais, par avion), je promenai autour de moi un regard étonné. À dix pas de la gare, on s'enfonçait dans les ténèbres. Il n'y avait pas de lampadaires comme en ville. L'air sentait bon. Je tombais de sommeil.

Je me réveillai le lendemain matin dans un hôpital. Mes parents nous apprirent qu'en attendant l'achèvement de notre maison nous habiterions ici quelque temps. J'étais enchanté. C'était la vie d'hôtel, avec des senteurs de chloroforme et de teinture d'iode. On dînait à deux pas, au réfectoire de la compagnie, après les employés. Les tables longues de douze pieds m'impressionnèrent beaucoup. Mais encore bien plus les profonds tiroirs à biscuits où monsieur Larose, le pâtissier, nous laissait fouiller une ou deux fois par jour en riant de notre émerveillement à la vue de ces centaines de galettes aux raisins, de carrés aux dattes et de beignes fourrés à la confiture.

L'hôpital était minuscule et ne traitait que les cas bénins ou, par exception, les urgences qu'on ne pouvait expédier tout de suite par avion : jambes cassées, pieds gelés, deliriums tremens. L'établissement était dirigé par un médecin assisté d'une grosse infirmière à peau rose qui ressemblait à un bonbon. Le docteur Rivard m'en imposait beaucoup : grand, sec, solennel, l'air extrêmement savant, c'était, avec le gérant de la compagnie et le curé, l'un des trois piliers du village. C'est lui qui m'arracha ma première dent. Je fus ensuite plusieurs années sans vouloir retourner chez le dentiste. Ce n'était pas tellement par peur de la souffrance que de la moquerie. En apercevant la seringue qu'il s'apprêtait à me glisser dans la bouche, j'avais poussé un cri et je m'étais mis à trembler. Il avait ri de moi, me traitant de poule mouillée. Je n'avais jamais entendu cette expression, mais je sentais combien elle était infamante. Or, comme je n'étais pas sûr de pouvoir me maîtriser si l'occasion se représentait, j'avais décidé de l'éviter à tout jamais.

Pendant que mon père travaillait et que les ouvriers s'affairaient à notre maison, ma mère nous promenait dans le village. Je me rappelle qu'il faisait toujours soleil. J'étais un peu étonné de cette vie d'inaction. Nos promenades se résumaient à peu de chose: Clova, c'était cinquante maisons de bois construites sur une pente vallonnée aux bords du lac Duchamp. La plupart des maisons étaient peintes en blanc, avec leurs arêtes, les corniches et le contour des fenêtres soulignés en vert foncé. C'était les couleurs officielles de la compagnie. La population du village était composée en proportion à peu près égale de francophones et d'anglophones. Les emplois de bureau bien rémunérés appartenaient aux Canadiens anglais, tandis que les tâches qui demandaient un grand déploiement de force physique nous revenaient, ce qui était, bien entendu, tout à notre honneur. À l'époque, ce partage paraissait aussi naturel que le cycle des saisons. Mon père, à ce point de vue, appartenait à une race hybride: il travaillait à la fois au bureau et dans la forêt. Ses patrons le faisaient venir auprès d'eux quand ils avaient un problème épineux à résoudre et l'appelaient *John* parce que le prénom de Jean-Marie leur paraissait trop difficile à prononcer.

Bientôt, notre maison fut terminée et mon père se mit à défaire les caisses de bois qui contenaient nos meubles et nos effets. Notre logis, accolé à celui de nos voisins, les Sullivan, comprenait un rez-de-chaussée et un étage, le tout divisé en huit grandes pièces. Le plancher était fait de larges planches d'épinette peintes d'un brun chocolat, séparées par des interstices où la poussière trouvait un refuge inexpugnable. Quelques années plus tard, mon père demanda qu'on le recouvre de bois franc et qu'on ajoute une véranda au côté sud de la maison, d'où l'on avait vue sur le lac. Il obtint ce qu'il voulait sans grande difficulté, car ses patrons l'estimaient beaucoup. La compagnie traitait bien ceux qui la servaient bien.

Elle était d'ailleurs omniprésente. Le gérant faisait office de maire. Le curé était nourri et logé par elle. C'est elle qui entretenait les maisons, les routes et l'école, administrait l'hôpital, approvisionnait tout le monde. Sans la compagnie, rien ne se pensait, rien ne se faisait. Les arbres et les cours d'eau lui obéissaient. Elle avait même installé des machines pour faire tomber la pluie quand l'été était trop sec et que les feux de forêt risquaient de détruire son bien.

Je ne sais comment tout ce monde s'entendait. Les enfants, eux, s'arrangeaient assez bien. À six ans, je parlais parfaitement l'anglais. Nos voisins, une famille anglaise qui portait curieusement le nom de Morin, baragouinaient un peu de français. Quant aux Indiens, qui apparaissaient chaque été au temps des bleuets, vêtus de défroques, entourés de leurs bandes de chiens-loups, on ne leur parlait jamais. Ils n'en manifestaient d'ailleurs aucune envie.

Pour compenser un peu l'isolement où vivaient ses employés, la compagnie avait aplati artificiellement le coût de la vie, comme on fait encore dans certaines villes du Nord québécois. Notre loyer mensuel s'élevait à 10 $. La viande se vendait au prix uniforme de 45 cents la livre, tirasse ou filet mignon. L'électricité était gratuite. La compagnie possédait son propre troupeau de vaches et donnait le lait. Elle donnait également le bois de chauffage et la glace, qui servait à la conservation des aliments. Le courant continu, en effet, destiné uniquement à l'éclairage, ne permettait pas de faire fonctionner de réfrigérateurs.

Pour les enfants, la vie dans ce petit village possédait un attrait bien plus puissant que tous ces avantages économiques : une liberté totale. Les chemins, les bois, les hangars, les énormes entrepôts, le dépotoir, le lac, les camions abandonnés, tout nous appartenait. J'ai toujours trouvé aux enfants de la ville un petit air d'animal dressé. Les rues pleines d'autos, la proximité des voisins, le manque d'espace les obligent à calculer chacun de leurs mouvements, à faire des compromis, à se montrer sournois. Ce n'est pas de tout repos. Bien sûr, nous subissions l'autorité de nos parents et celle, plus diffuse, du curé et du docteur Rivard, le sage de la place, celui qui possédait la plus grande maison, les plus belles filles et une grosse Cadillac carrée des années 30 où l'on s'assoyait comme dans un salon. Mais le stress d'avoir à vivre entourés de milliers d'adultes, chacun avec ses idées bien personnelles sur le comportement idéal d'un enfant, nous était aussi inconnu que le défilé de la Saint-Jean-Baptiste.

Un jour, nous repérons, mon frère et moi, un camion de la compagnie stationné à l'écart au pied d'une colline. Il a dû subir de gros ennuis mécaniques. En tout cas, on ne l'utilise plus depuis plusieurs semaines. Nous décidons qu'il est abandonné et qu'il faut absolument le réduire en pièces détachées afin de parfaire nos connaissances en mécanique. Trois ou quatre jours plus tard, mon père remarque au fond du hangar un amoncellement de vis, de ressorts et de pièces de toutes sortes, qui lui donne un aperçu fort alarmant de nos loisirs. Comparution. Interrogatoire. Rapport à la compagnie. Par bonheur, le gérant, monsieur East, trouve l'histoire bien bonne et demande à un mécanicien de remettre le camion en état dans ses temps libres. Il lui faut un mois. Il m'arrive parfois de penser à la haine que ce pauvre homme a dû développer à notre égard.

À six ans, je fis, bien prosaïquement, mon entrée à la petite école. L'institutrice était une femme colérique, musclée, au regard pointu, à la figure rougeaude; elle enseignait à sept classes à la fois dans un ancien camp de rondins converti en école biethnique, qui servait de cinéma le samedi et d'église le dimanche grâce à un système de portes coulissantes. Le premier matin, je me présentai à l'école avec la classique envie de faire dans mes culottes, et pourtant j'étais à dix pas de chez moi. Mademoiselle Meunier constata que j'étais gaucher et décida que je deviendrais instantanément droitier et me le signifia tout de suite à coups de règle sur les doigts. Au bout de trois jours, mon avenir professionnel, sans que je le sache, venait de se décider. En plus d'apprendre à manier un crayon, il fallait que j'apprenne à me servir de ma main droite. Quand il s'agissait de lettres, cela n'allait pas trop mal. Je savais déjà un peu mon alphabet et les longues séances de lectures que ma mère me faisait tous les soirs avant le coucher m'avaient un peu familiarisé avec ces êtres étranges et merveilleux que sont les mots. Mais, quand il s'agissait de chiffres, je devenais tellement pitoyable que mademoiselle Meunier en perdait le goût de me pincer les oreilles. Pendant que j'apprenais à faire un zéro qui ne ressemblerait pas à un pruneau écrasé, mes compagnons, eux, apprenaient l'addition. Pendant que j'apprenais tant bien que mal l'addition, ils s'essayaient à la soustraction. Et ainsi de suite. Voilà pourquoi je devins une nullité en mathématiques, un inadapté chronique en sciences et que je me vis condamné à me réfugier dans les arts. Je réussis quand même à me tailler une place de premier de classe et à devenir la gloire de mon village. Mais j'étais une gloire de village essentiellement littéraire, celui qui récitait le plus long monologue à la distribution des prix. Je fus le premier de ma classe à utiliser dans une composition l'expression « ruban d'argent » pour désigner une rivière. Le choc que cela causa dépasse toute description.

*   *   *

Mon père nous amenait parfois durant l'été, mon frère François et moi, dans ses randonnées d'inspection à travers la forêt. Maman, qui élevait maintenant trois enfants, pouvait jouir alors d'un peu de répit.

À partir du village rayonnait un réseau de chemins de terre qui menaient à des camps de bûcherons dirigés par des entrepreneurs de la compagnie. Debout à l'arrière de la camionnette Ford qui filait sur le chemin raboteux, tout en tortillages, j'appris les rapports mystérieux entre les parfums et la vitesse. À quarante milles à l'heure, la senteur des sapins fait tourner la tête, donne des idées loufoques et développe extraordinairement l'appétit. L'odeur d'un lac, au contraire, pleine de sous-entendus mystérieux, piquée de relents de moisissure, porte à la tristesse et à la songerie.

Arrivés au camp (le *Suzie*, le *26*, le *Sugarloaf*, le camp de la *Shuart)*, nous avions le privilège, mon frère et moi, de manger à la cantine avec les bûcherons. Je revois les nuages de mouches qui bourdonnent au-dessus des tables pendant que tout le monde avale en silence la bonne grosse cuisine des gens de forêt arrosée de thé épais comme du sirop — de la dynamite en infusion — qui devait sûrement contribuer à maintenir le rythme effréné que la compagnie avait décidé d'adopter pour la coupe du bois. En sortant de table, nous pouvions rôder à travers le camp tandis que mon père questionnait l'entrepreneur, prenait des notes, inspectait des coins de chantier et se faisait appeler «monsieur Beauchemin» gros comme le bras. Mes premières *pin-up*, je les ai vues à six ou sept ans dans les dortoirs des bûcherons, épinglées au-dessus des lits à deux étages pleins d'odeurs profondes.

Parfois, mon père laissait le camion et nous amenait en forêt, après qu'on se fut généreusement enduit de *six-douze*. C'est là qu'à sa grande déception il s'aperçut que je n'étais pas un «homme des bois». Dès que je perdais la route de vue, je prenais peur. J'avais l'impression que les arbres se multipliaient d'une façon diabolique pour que je me perde à tout jamais dans leur multitude et le vertige s'emparait de moi. Je me sentais déjà comme ces pauvres chasseurs égarés en forêt depuis trois jours et qui tournent en rond, hagards, sur leurs propres pas. Encore une fois, sans que je le sache, mon destin se précisait. J'aimais la nature, mais de loin. J'étais un lettré de ville avant même d'avoir mis les pieds dans la ville… et d'avoir des lettres.

Par contre, lorsque notre randonnée se déroulait sur un cours d'eau, ma réaction était tout à fait différente. Le ruisseau ou la rivière remplaçaient la route. On peut se perdre en forêt, mais on ne quitte pas un cours d'eau sans le savoir. Quand on est fatigué d'aller de l'avant, on retourne à l'arrière et donc, logiquement, à son point de départ. Je me rappelle un long voyage en canot à moteur que j'ai fait avec mon père et François jusqu'au dépôt de Capitachouane. Le ruisseau qui, pendant des milles, zigzague d'une façon bouffonne avant de se jeter dans une baie majestueuse. Les orignaux dérangés dans leurs paisibles libations. Le glissement harmonieux du canot qui trouble à peine l'eau presque invisible à force de transparence. Et le minuscule dépôt de Capitachouane bâti sur une presqu'île devant un lac immense. Trois hommes y habitent dans une solitude totale, jour après jour, semaine après semaine, scrutant la cime des arbres pour y détecter le moindre filet de fumée. Je me perds dans le calme infini de ces espaces verts et bleus où le bruit lointain d'un canot à moteur devient un événement qui vous met l'aisselle en sueur et vous précipite sur le quai, la main en visière au-dessus des yeux.

Je pensais, à l'époque, que tous les enfants connaissaient une vie semblable à la mienne. Je ne me doutais pas qu'on parquait alors certains élus dans de gros édifices en pierre grise où se déroulait le solennel cours classique. Je ne pouvais pas m'en douter; je vivais parmi des gens modestes et personne ne parlait de ces choses-là.

*   *   *

Les habitants du village crurent que Clova était sur le point de devenir une ville lorsque la famille Sarsfield (les marchands de la place, concurrents des Pelletier) ouvrirent une grande salle de quilles avec *machines à boules*, juke-box, comptoir-lunch, lingerie, quincaillerie, billard et tout. Les Sarsfield faisaient également le commerce des bleuets. À partir de la mi-juillet, la salle de quilles se remplissait d'Indiens qui venaient vendre leur cueillette. Ils restaient des heures devant le comptoir à regarder les étalages de chemises carreautées, de bottes, de lampes à kérosène, de jouets et de bibelots. Ils riaient comme des enfants et se donnaient des coups de coude, lissant et caressant leurs petites liasses de dollars, puis repartaient chargés des objets les plus étonnants : des poupées en celluloïd, des grille-pain, des fusils à eau, etc. Ou alors ils se rendaient chez un bootlegger et se lançaient dans des soûleries terribles qu'on refoulait discrètement à l'extérieur du village pour ne pas effrayer les femmes et les enfants.

Du reste, bien des choses se passaient au village sans que j'en prenne vraiment conscience. Quand je ne jouais pas, je lisais. Je lisais partout : sur mon lit, dans le hangar, au salon, dans la salle de bains ou sur le canapé de la véranda. Ma mère m'avait inoculé le virus de la lecture : *L'île mystérieuse, Michel Strogoff, Les bijoux de la princesse, Sir Jerry et l'affreux Léonard, Les naufragés du Sirius,* je dévorais tout avec un appétit de requin, à mille milles des savanes et des forêts de sapins, des dédales de lacs et de rivières, des parties de baseball sur la grand-rue recouverte d'un sable poudreux. C'est ce qui me permettait d'obtenir de bonnes notes pour mes compositions françaises en comparant les rivières à des rubans d'argent et les lacs à des miroirs. J'étais sourd à tout ce qui n'était pas cette voix intérieure qui faisait apparaître dans mon esprit des images si intenses et si vives que j'en oubliais l'heure des repas et du coucher.

Il faut dire que le destin — s'il en existe un — avait encore une fois donné son coup de pouce en me rendant la pratique des sports très difficile, ce qui m'avait en quelque sorte refoulé dans le monde de l'imagination. J'étais né avec l'œil gauche presque éteint. Quand on me mettait un bâton de baseball entre les mains, je fauchais le vent trois fois sur quatre. Au bout de quelque temps, ma réputation de mauvais joueur devint indestructible. Beauchemin faisait perdre son équipe. On m'envoya systématiquement au champ (à la vache, comme on disait) pour attraper les balles perdues, que je n'attrapais jamais, bien entendu. J'ai fini par comprendre qu'un ours perd son temps dans les concours de piano et j'ai développé pour les sports d'équipe une indifférence de béton. Je n'avais ma place dans les jeux que lorsqu'il y avait des «choses à inventer». L'équilibre se rétablissait alors grâce à l'imaginaire. C'est ainsi qu'ont dû naître bien des conteurs.

Mes images ne provenaient pas seulement de la France (tous les romans que je lisais étaient, bien sûr, français). Depuis l'ouverture de la salle de quilles, les États-Unis avaient également fait leur apparition dans ma tête. Woody Woodpecker se mêlait aux scènes de cape et d'épée du temps de Louis XIII. Les Sarsfield, en effet, vendaient des «comiques à dix cennes». Presque tout mon argent de poche y passait : *Archie, Bugs Bunny, Andy Panda, Flash Gordon, Batman, Superman, Plastic Man, Dick Tracy, Donald Duck*, etc. Je les rangeais soigneusement dans une garde-robe, heureux de voir la pile s'élever tranquillement vers le plafond.

Beaucoup de souvenirs me sont restés de ces années passées dans un petit village québécois qui appartenait aux États-Unis.

J'ai six ans. Le soleil vient de se lever. C'est l'été. Je me réveille doucement dans mon lit aux pépiements des moineaux perchés sur le rebord de ma fenêtre, dans les arbres, sur la corde à linge. En prêtant l'oreille bien attentivement, je peux entendre au fond de la cour le clapotement des vagues contre le vieux quai à demi pourri. À dix pieds de là, caché sous des branches d'aulnes, se balance un radeau que j'ai construit en cachette avec des amis. Je m'étire en souriant, je bâille, je m'amuse à tracer des signes invisibles sur le mur avec mes doigts. Puis je me lève, je déjeune en vitesse et je vais dans la cour. J'observe encore une fois, tout étonné, les gouttes de rosée qui brillent partout sur l'herbe. Elles sont apparues mystérieusement pendant que je dormais. Je fauche l'herbe à grands coups de pied. Mes souliers se mettent à briller. Je n'arrive pas à comprendre d'où ces gouttes sont venues. Sûrement pas du ciel, puisqu'il n'a pas plu. Mon père m'a parlé de condensation. Qu'est-ce que la condensation? Je n'aime pas ce mot. Il me fait penser à une enveloppe gonflée de papiers importants, mais qu'on n'arrive pas à ouvrir. Et puis soudain, j'envoie promener toutes ces réflexions et je me mets à courir. Je cours toute la journée, jusqu'à ce que le soleil se couche, et même après. Je cours dans les bois d'aulnes derrière la maison, le long du lac, près des massifs de framboisiers où ma mère, une heure avant le dîner, va chercher la garniture de ses tartes. Je cours à vingt pieds au-dessus du sol dans les hangars de la compagnie le long des poutres qui soutiennent la structure du toit, au risque d'aller m'écraser sur la machinerie et les piles de madriers. Je me faufile avec des amis dans un sous-sol encombré de supports de bois où rouillent des milliers de tiges de métal, sans doute oubliées là depuis longtemps. Nous cherchons dans l'obscurité, le visage plein de toiles d'araignées, parmi des trottinements auxquels nous évitons de trop penser, la planche brisée qui va permettre de nous hisser dans l'entrepôt et de nous amuser sur les monticules de sacs de farine, de sucre et de moulée, sur les empilades de barils de clous, parmi les boîtes de thé presque aussi hautes que nous et qui sentent tellement bon. Je cours, soucieux, à travers le village, à la recherche de ma sœur Danielle âgée de trois ans qui vient de disparaître de la cour. Ma mère, morte d'inquiétude, arpente la rive du lac. Je cours sur le chemin défoncé qui mène à la plage en passant devant la maison de monsieur Plourde, le menuisier qui a construit notre véranda. Un soir de Noël, il est arrivé chez nous dans un état bizarre, titubant, l'œil égaré, la langue pâteuse, et il s'est mis à insulter mon père, appuyé au chambranle de la porte d'entrée. Je cours, je cours, je ne cesse de courir. Je cours même en dormant, me dit parfois ma mère avec un air de moquerie.

*   *   *

Mille neuf cent cinquante trois fut l'année du grand feu. Presque chaque été, les feux de forêt faisaient rage dans la région, et particulièrement durant les années de sécheresse, redoutées non seulement par les cultivateurs mais aussi par les actionnaires de la CIP qui voyaient avec chagrin leurs profits annuels grésiller, se racornir et tomber en cendres. Mon père s'absentait alors durant des semaines pour diriger des équipes qui creusaient des tranchées, empilaient des sacs de sable et actionnaient des pompes qui projetaient l'eau des lacs sur les arbres enflammés. Des avions-citernes traversaient le ciel à tout moment et laissaient tomber de courtes pluies diluviennes aussitôt dissipées en vapeur. On tentait de «limiter le mal». Un feu de forêt, en effet, ça ne s'arrête pas comme un cheval emballé. On ne peut que le ralentir en espérant qu'il se dévore lui-même par sa propre rage ou qu'un déluge l'assoupisse et permette de le circonscrire. Jamais mon père ne nous amenait, mon frère et moi, dans ces occasions-là. Ça n'était pas, paraît-il, la place des enfants. Le feu de forêt est un ennemi sournois. Il peut, aidé par le vent, faire des sauts de deux milles et vous encercler à votre insu. Les combattants doivent être sur le qui-vive jour et nuit. Mon père revenait à la maison affamé, couvert de cendres et si fatigué qu'il en avait perdu le sommeil.

Tous ces feux-là faisaient rage au loin et m'avaient été racontés avec beaucoup de détails par les grandes personnes. Je les avais refabriqués dans ma tête pour mon usage personnel. Mais celui de 1953, je l'ai vu. Pour la première fois, j'ai pu me représenter ce qu'était un désastre collectif.

Midi : le ciel est sombre comme à la tombée de la nuit. L'air est encore respirable, mais on sent qu'il nous est compté, emprisonné qu'il est sous une calotte de fumée qui recouvre le village et risque à tout moment de s'abaisser. Au loin, des lueurs orange et roses s'agitent doucement et nous font des signes enjôleurs. Partout autour de moi, une agitation inquiète, silencieuse. On vient d'apprendre que le train ne peut plus passer, car des troncs enflammés obstruent la voie ferrée. Il faudra peut-être évacuer le village par avion. Un voyage en avion... Mon père voyage souvent dans ces petits monomoteurs fabriqués par la compagnie

De Havilland et qu'on appelle des *Beavers*. Il nous a parlé des poches d'air qui font brusquement chuter l'appareil de cent pieds et remonter le cœur dans la gorge. L'autre jour, en jetant un coup d'œil dans un *Beaver* qui se balançait sur le lac au bout du quai, j'ai aperçu un de ces fameux sacs de papier où l'on dépose poliment un repas qui refuse de rester dans l'estomac. Dans toute cette histoire, c'est le mal de cœur qui m'inquiète le plus.

Puis, au milieu de la nuit, un grand vent se lève et repousse la bête dévoreuse d'arbres. Le lendemain matin, quand je me réveille, le ciel a repris son bleu calme et limpide, mais mon père est reparti traquer son ennemi ailleurs et l'on voit maintenant des chicots noircis se dresser lugubrement de l'autre côté du lac.

Bien loin de m'effrayer cependant, le feu m'attirait. L'été, j'en entendais parler tous les jours. L'image des flammes se combinait dans mon esprit avec l'idée d'aventure. Le feu ressemblait un peu à mes compagnons de jeux, avec qui j'aimais bien m'amuser, mais qu'il fallait surveiller du coin de l'œil parfois, à cause de la possibilité toujours présente de recevoir une claque sur la gueule ou de se faire donner une jambette.

À l'âge de onze ans, je fis mon propre feu. C'était au début de l'automne, durant une journée de grand vent. Je vole des allumettes dans la cuisine, je m'empare d'une vieille boîte de conserve et je m'en vais derrière le hangar la bourrer d'écorces de bouleau. J'enflamme une première allumette. Mais la proximité de la maison m'ennuie un peu. Alors je me retire près du lac derrière un vieux puisard de bois dans un champ de foin que les premiers froids ont tout desséché, et là, j'allume les écorces. Le feu saute aussitôt dans l'herbe. Je tape du pied. Mais il va plus vite que moi. La tache noire sur-montée d'une crête de flammes nerveuses grandit à vue d'œil, puis donne naissance à d'autres taches. Elles se dirigent toutes vers une grande cour où on a empilé des centaines de cordes de bois. La panique me prend. Je cours à la maison chercher un seau.

— Qu'est-ce que tu as? s'inquiète ma mère.

Je n'ai même pas à répondre. La fumée parle à ma place. Me voilà de nouveau au bord du lac, tout en lar-mes, en train de remplir mon seau. Pendant mon ab-sence, la demi-douzaine de taches s'est transformée en un mur de flammes qui s'apprêtent à lécher les cordes de bois sec. Si les cordes flambent, adieu, le village. Les braises et les bouts d'écorces enflammés vont voler partout. Ma mère a envoyé François chercher mon père au bureau. Armée elle aussi d'un seau, elle joue au pompier comme moi, mais en pure perte. À partir de ce moment, la panique a dissous mes souvenirs. J'entends le hurlement de la sirène, les pétarades des pompes qu'on essaye de faire démarrer. Je suis à genoux au milieu du salon et je prie le bon Dieu avec une ferveur qui m'a quelque peu abandonné aujourd'hui.

Mon père ne voulut même pas me chicaner. Il con-sidéra que la peur et la honte m'avaient assez puni.

*   *   *

Les adultes pouvaient se montrer aussi étourdis que les enfants avec le feu.

Je joue près de la maison avec François. Soudain ma mère ouvre la porte:

— Voulez-vous cesser de donner des coups de mar-teau dans le mur? La petite va se réveiller.

François proteste :

— On ne donne pas de coups de marteau !

Effectivement, le bruit vient de plus loin. Un bruit sourd, saccadé, qui ressemble à des explosions.

Une heure plus tôt, monsieur East, le gérant, pour prévenir les dangers d'incendie qu'une allumette ou un mégot lancés au loin pourraient faire naître, a demandé qu'on fasse brûler un champ de foin sec derrière un entrepôt où sont entassés une grande quantité de barils de mazout et de gazoline. L'entrepôt est construit sur pilotis au-dessus d'un petit marais souillé d'huile et d'essence. Mon père — responsable de la prévention des incendies (et affligé d'un fils incendiaire, quelle honte !) — dirige les opérations. Par précaution, il a fait installer une pompe à incendie et ordonne à ses hommes de faire brûler le champ par petites sections de quatre ou cinq pieds carrés, dans le sens contraire du vent. Un badaud observe la scène, les mains dans les poches. À quelques reprises, il a voulu se joindre aux hommes qui travaillent, mais mon père lui a fait remarquer un peu sèchement qu'on n'a besoin d'aucune aide. Le champ est maintenant presque entièrement rasé. Il ne reste plus qu'une section de dix pieds carrés, près de l'entrepôt. Mon père s'éloigne un peu pour parler avec un bûcheron. Le badaud en profite et met brusquement le feu dans ce qui reste de foin, sans tenir compte de la direction du vent. Deux minutes plus tard, une brindille enflammée tombe dans le marais. Il ne reste plus qu'à s'éloigner au plus vite. L'entrepôt se retrouve au-dessus d'une nappe de flammes qui se met à le cuire tout doucement. Les barils commencent bientôt à bouillonner. Leur paroi se bombe peu à peu. Puis ils crèvent le toit avec un bruit assourdissant et montent dans le ciel comme des météores. Des équipes essayent de repérer leur point de chute pour aller arroser les débris qui risquent d'incendier la forêt. Pendant ce temps, je suis dans la foule avec des amis en train d'admirer mon premier (et mon seul) feu d'artifice en plein jour.

L'incendie dura tout l'après-midi. La maison de Paul Couture, recouverte de papier similibrique, fondait lentement derrière l'entrepôt. Un baril enflammé l'acheva en passant au travers. Quand j'arrivai chez moi pour souper, j'aperçus ma petite voisine, Louise Sullivan, qui s'en revenait tout en larmes. Un couvercle de baril chauffé à blanc avait roussi le bord de sa robe en tombant à ses côtés.

*   *   *

Nous vivions en face de la gare. Mon enfance a été rythmée par le passage assourdissant des longs convois de marchandises traînés par des locomotives à vapeur qui traversaient le village plusieurs fois par jour. À Clova, le train était un personnage aussi important que le gérant de la compagnie, le docteur ou le curé, car nous dépendions tous de lui. Le train nous apportait les vivres, la machinerie, les bûcherons, les visiteurs, les bonnes et les mauvaises nouvelles. Quand il déraillait, la vie était comme suspendue.

C'est la nuit qu'il m'apparaissait le plus redoutable.

*   *   *

Trois heures du matin. Je dors profondément, mon chat roulé en boule à mes pieds, mes vêtements soigneusement rangés sur une chaise (une nouvelle habitude qui émerveille ma mère et la rend toute songeuse : les années passent, ses enfants changent). Soudain, un grondement sourd se fait entendre quelque part, très loin. Au bout d'une minute ou deux, la maison se met à vibrer doucement. J'ouvre un œil. Mon frère se retourne dans son lit en soupirant. Le grondement ne cesse de grossir et se rapproche de plus en plus. Il roule maintenant comme une avalanche. Et, tout à coup, un hurlement lugubre éclate dans la nuit tandis qu'une longue file de wagons se rue à travers le village dans un vacarme féroce. Je regarde par la fenêtre. La lune essaie de percer une grosse masse de nuages bleu sombre au-dessus du lac. Le hurlement retentit de nouveau. On dirait une grande bête frappée à mort. Je sens tout autour de la maison une immensité froide et noire, sans limites, où rôde le malheur. Les murs de la maison me semblent minces comme du papier. J'imagine un grand coup de vent qui nous emporte tous dans le ciel et nous précipite au fond du lac. Un frisson me saisit. Vite ! le soleil, pour me ramener la vraie réalité.

* * *

L'arrivée du train de 20 heures constituait le grand événement de la journée. Toutes sortes d'images se greffent au souvenir de ce moment solennel que l'on vivait comme un rite : la venue tant espérée de ma grand-mère ou de ma tante Claude, les batailles de bûcherons sur le quai, le débarquement de la Lincoln de Pierrot Bernard, l'entrepreneur à l'éternel cigare, etc. Certains de ces souvenirs sont atroces. Je pense en particulier à ce fameux soir du 17 octobre 1950.

Je me promène sur le quai de la gare avec des amis. Mon père discute avec un mesureur près d'un chariot. Une cinquantaine de personnes se sont rassemblées devant la gare et bavardent en jetant un coup d'œil au loin de temps à autre pour voir si on n'apercevrait pas une lueur ou un filet de fumée annonçant l'arrivée de la grosse dame noire. Soudain, j'entends un coup de sifflet, très faible. Bientôt, les rails se mettent à vibrer imperceptiblement et une lueur apparaît à la ligne d'arbres qui ferme l'horizon. Je dois faire un effort sur moi-même pour demeurer sur le bord du quai : malgré l'habitude, l'irruption de ces tonnes de métal rugissantes, noircies par la fumée, entourées de nuages de vapeur, me fait toujours un peu frissonner. La lueur grossit rapidement. Un grondement sourd l'accompagne. Tout le monde s'est tu. Par une sorte de respect craintif, qu'on n'ose pas s'avouer, et aussi parce qu'il serait inutile de parler : les rugissements de la locomotive vont bientôt tout enterrer. La voilà qui arrive, terrible, toute-puissante. Je me suis reculé d'un pas. Quelque chose dans les entrailles de l'engin se met à hurler d'une façon démente. Le mouvement des bielles et des énormes roues ralentit brusquement pendant que des jets de vapeur fusent de partout. Une chaleur suffocante annule aussitôt la fraîcheur de l'air. Le train s'immobilise avec une dernière série de saccades et de tremblements et aussitôt tout le monde se remet à parler, très fort et très vite. On échange des plaisanteries avec le conducteur, le mécanicien ou le chauffeur. Les portes des wagons de marchandises glissent avec fracas et un chariot s'approche en grinçant pour recueillir les colis. Des bûcherons viennent de descendre sur le quai. L'un d'eux, fortement éméché, tient à peine sur ses jambes. Il agite les bras, bouscule ses compagnons et pousse des sons inarticulés. Le conducteur rabaisse la plateforme du marchepied, pousse un coup de sifflet et disparaît à l'intérieur d'un wagon. C'est le signal du départ. Un long tremblement parcourt le train qui s'ébranle par à-coups pendant que la locomotive souffle bruyamment. Le bûcheron s'est retourné. Une idée fanfaronne lui traverse l'esprit. Il tourne le dos à un wagon, s'agrippe par derrière aux rampes placées de chaque côté de la portière restée ouverte et se soulève lentement de terre pour s'asseoir sur la plateforme du marchepied. Son intention est de se jeter sur le quai quand le train aura pris un peu de vitesse. Des gens se mettent à crier. Le quai se remplit d'une confusion totale. Quelqu'un me donne une bourrade et je me bute contre un barrage de derrières pressés les uns contre les autres. Un murmure d'horreur court sur toutes les lèvres. Le conducteur vient de pousser un coup de sifflet strident. Le train s'arrête avec une série de contrechocs violents comme s'il allait tomber en morceaux. On ne me permit pas de voir le reste de la scène. Ce que j'en sais m'a été raconté le lendemain par un voisin. Le bûcheron gisait sur le côté, inconscient de ce qui venait de se passer. Puis il se releva en marmonnant des sacres et se mit à clopiner sur ses moignons le long du quai avec des mouvements horribles et grotesques. Ses jambes reposaient derrière lui, l'une couchée, l'autre debout, enfermées toutes les deux dans leurs grosses bottes lacées jusqu'au genou. La pression des roues d'acier avait comme suturé ses moignons, qui ne saignaient presque pas. Mon père s'en alla à la maison sans dire un mot. En l'apercevant, ma mère crut qu'il venait de faire une attaque. Il refusa de répondre à ses questions, s'étendit sur le canapé du salon et demanda un cognac. Le lendemain matin, je retournai avec mon frère sur les lieux de l'accident. On n'en voyait plus aucune trace. Mais en me penchant j'aperçus, collé sous le champignon du rail, un morceau de chair humaine gros comme l'index, déjà tout racorni et couvert de sang coagulé. Deux grosses mouches noires tournaient autour, fiévreusement.

*   *   *

Les bûcherons pris de boisson, c'était la hantise de maman quand elle devait prendre le train avec nous sans mon père, souvent retenu par son travail. Ils se battaient parfois entre eux armés de tessons de bouteille et ce n'était pas une mince affaire que de les séparer.

Quand nous prenions le train, c'était immanquablement pour aller à Noranda, où demeuraient mes grands-parents maternels. Dans ma tête, le train ne pouvait mener qu'à Noranda. Une seule exception, célèbre dans l'histoire de la famille, et qui me fit poser bien des questions: le voyage à Montréal que fit maman avec ma tante Claude pour aller entendre Maurice Chevalier au Plateau en 1948.

Le trajet entre Clova et Noranda durait six heures. Je restais de longs moments accoudé à la fenêtre, regardant ces étendues interminables d'épinettes et de savanes où apparaissaient de temps à autre de petites agglomérations aux noms curieux: Paradis, Malartic, Cadillac, Mégiscane, Macamic. Toutes ces maisons que je voyais apparaître et disparaître l'une après l'autre le long de la voie ferrée me plongeaient dans une profonde rêverie, avec leurs enfants qui gambadaient dans la cour, les cordes à linge chargées de draps et de culottes, les grandes personnes qui discouraient silencieusement comme des sourds-muets ou se retournaient vers le train et posaient sur nous un long regard pensif. Je n'arrivais pas à me figurer comment la terre pouvait porter tant de maisons, d'enfants et de parents avec leurs autos, leurs chevaux, leurs chiens, leurs chats, leurs magasins, sans qu'il y règne une confusion indescriptible. Le village où je vivais m'apparaissait clair, ordonné, rassurant. Mais la multitude de ces villages et de ces villes que je devinais au loin, remplis d'une agitation fiévreuse, m'inquiétait.

Noranda, où j'avais vécu les premières années de mon enfance près d'une des plus hautes cheminées d'Amérique, ne m'avait laissé presque aucun souvenir. Et même aujourd'hui, quand j'y repense, je ne vois que deux maisons: celles qu'ont habitées successivement mes grands-parents. La première, la plus belle, recouverte de crépi beige, s'élevait sur l'avenue A. Elle avait un voisin prestigieux: monsieur Forgues, conducteur au Canadian National Railways, que nous rencontrions souvent durant nos voyages, un petit homme nerveux et souriant, toujours pressé, qui me faisait parfois l'honneur de me reconnaître sur le train et de m'ébouriffer les cheveux:

— Tiens! le petit Beauchemin! comment ça va?

Je me rappelle la maison de crépi de mes grands-parents comme un endroit sombre et agréable, plein d'odeurs intrigantes. Le salon m'impressionnait beaucoup avec ses meubles solennels en acajou solide et sa bibliothèque à caissons où, derrière les portes vitrées, s'entassaient des centaines et des centaines de livres.

Mon grand-père, qui était imprimeur et propriétaire-fondateur de *La Frontière,* le journal de la place, lisait comme un enragé. Il avait transmis cette passion à sa femme et à ses enfants. C'était un grand homme taciturne, avec une moustache en brosse toute grise ; il m'intimidait beaucoup (il intimidait tout le monde). Quand il ouvrait la bouche, c'était la plupart du temps pour parler de son travail. Il s'amusait parfois à m'emprisonner entre ses jambes, assis dans un fauteuil. En voyant mes efforts inutiles pour me libérer, il se mettait soudain à rire. Je le regardais, tout étonné.

Ma grand-mère, elle, parlait beaucoup, s'étouffait sans cesse en mangeant (elle poivrait trop ses aliments), nous serrait continuellement dans ses bras et, malgré tous ses efforts, n'arrivait pas à nous trouver de défauts. C'était le moteur de la maison. Il y a quelque temps, j'ai revu des photos d'elle prises dans sa quarantaine. Son expression autoritaire m'a frappé. L'âge l'avait rendue indulgente et sans défense devant les jeunes. Cela arrive souvent. Elle admirait beaucoup son mari et lui avait donné six enfants. Deux d'entre eux, Hermès et Julien, travaillaient avec lui au journal. Comme il aimait beaucoup les plaisirs de la table, elle était devenue un cordon-bleu dont on recherchait les conseils. L'austérité de mon grand-père et sa gourmandise (à soixante-douze ans, il pouvait manger une tarte aux framboises à lui seul) m'ont toujours paru une antithèse réconfortante.

Là où je le revois avec le plus de précision, c'est peu de temps avant sa mort. Mes parents sont venus pour une dernière visite, car tout le monde sait que le cœur, usé jusqu'à la corde, ne tiendra plus longtemps. Mon grand-père s'obstine quand même à se rendre chaque jour à son journal. Sa maigreur fait pitié. Il se promène lentement dans la maison, soufflant comme un phoque, et nous jette parfois des regards éperdus, pleins d'angoisse. Malgré tout, je ne crois pas à sa mort prochaine. Les gens qui sont à la veille de mourir cessent d'aller travailler, que j'explique à François.

Nous sommes à table en train de souper. Mon grand-père est assis près de l'oncle Alcide et grignote, l'air découragé. Il se plaint — lui d'habitude si stoïque — que ses vêtements ne lui font plus, qu'il est littéralement en train de fondre. Et comme preuve, il étire la taille de son pantalon, où le ventre a laissé un vide attristant.

— Mettez-y un oreiller, lui conseille l'oncle Alcide en riant.

Moi, je ne ris pas. Je trouve au contraire la plaisanterie extrêmement déplacée.

Au bout de quelques jours, mes parents doivent retourner à Clova. Le train part à une heure de l'après-midi. Surmontant son accablement, mon grand-père nous raccompagne à la gare. Bien des années plus tard, ma mère nous parla de la sensation de déchirement qui l'avait saisie quand elle avait pris sa main froide dans la sienne et l'avait regardé dans les yeux, ces yeux qu'elle avait la certitude de ne plus jamais revoir ouverts.

Il mourut deux mois plus tard à l'hôpital. Un soir, il fit appeler son notaire, signa l'acte de vente de *La Frontière* et s'éteignit dans la nuit. Je possède encore quelques livres de lui. Et, en particulier, un roman d'aventures intitulé *Le château de Pontinès,* que ma mère me lisait le soir lorsque j'avais cinq ou six ans. C'est le premier livre que j'ai réussi à lire seul, du commencement à la fin. Ce vieux bouquin rempli de phrases maladroites, aux pages jaunies, à la reliure fatiguée, m'a fait pénétrer dans le monde enchanté de la fiction. Je l'ai lu peut-être dix fois. Je me départirais de bien des choses avant de m'en séparer.

*   *   *

Le curé Beaurivage, qui n'avait jamais fréquenté notre maison, venait souvent chez mes parents depuis quelque temps. Je n'aimais pas ce curé. Je ne l'aimais pas à cause de ses plaisanteries épaisses (une de ses joies les plus pures était de lâcher des pets pour faire rire les enfants). Mais surtout, je ne l'aimais pas parce qu'il ne m'aimait pas. Gilles Lafrance, mon meilleur ami, m'avait révélé un jour qu'il lui avait recommandé à confesse de m'éviter, parce que j'étais un «mauvais compagnon». L'expression me fait sourire aujourd'hui. Mais à 11 ans, après l'avoir entendue, je m'étais réfugié dans ma chambre pour pleurer. Moi, un mauvais compagnon. Moi, sale. Moi, irrémédiablement sale jusqu'à la moelle. Moi: la Saleté. Sa Saleté Yves Beauchemin. Je soupçonne que mon appétit démesuré pour la lecture l'avait rendu méfiant à mon égard. Un enfant qui passe des heures immobile et silencieux dans son coin n'est pas un enfant tout à fait sain. L'eau dormante croupit. Le curé Beaurivage, qui était fils de cultivateur, n'avait probablement connu que deux sortes de livres: les livres d'études et les Livres saints. Tous les autres recelaient potentiellement des dangers. Et puis, un fait accablant jouait contre moi: j'étais *le seul enfant* qui lisait.

Sa méfiance s'accompagnait d'une curieuse estime. Il avait décidé depuis quelque temps que j'étais fait pour le cours classique et — qui sait? les voies de Dieu sont insondables — peut-être même pour la prêtrise. Cela m'obligeait évidemment à devenir pensionnaire et comportait l'avantage appréciable de libérer mes compagnons d'une présence dangereuse, tout en me permettant d'accéder à l'instruction supérieure.

Ce dernier été que je passai chez moi avant de partir pour le collège m'a laissé une profonde impression. Un vent brûlant balayait le village sans arrêt. Depuis le soir où mes parents m'avaient annoncé sur la véranda en présence du curé — je revois sa figure couperosée, son sourire énigmatique — leur intention de m'envoyer au Séminaire de Joliette, j'avais le trac. J'essayais de le combattre par la lecture… et par la nourriture. Jamais je ne relirai autant que cet été-là. Mes parents, comprenant mon état d'âme, se montraient patients quand je n'avais pas répondu à leur quatrième appel pour le souper et venaient me chercher. Pourtant, une fois rendu à table, quel ogre!

J'étais — et je suis demeuré — un fervent amateur de soupes et de potages. Un après-midi, peu de temps avant que je prenne le train pour Joliette, je vais trouver mon père:

— Est-ce que je peux aller m'acheter de la soupe en boîte à l'épicerie?

— Achète tout ce que tu veux, me répond-il avec un bon sourire.

Voilà une phrase rarissime et dont il faut profiter. Je reviens à la maison avec huit sortes de soupe dont je consomme la moitié sous l'œil étonné de ma sœur Danielle. Puis, je m'en vais me promener, mélancolique et ballonné, à travers le village, l'œil à demi fermé sous le vent qui fait voler le sable. Je me promène dans le village et je constate que c'est pour moi *le seul village du monde,* mais que l'angoisse m'en détache déjà. Oui, peu importe où j'habiterai, ce sera toujours ici que j'aurai habité le plus profondément.

*   *   *

Ma première année au collège fut une catastrophe. Je cessai à la fois d'étudier, de lire et de me laver et je pris l'habitude de me battre à coups de poing avec tout le monde. La gloire littéraire de Clova, le fabricant de rubans d'argent et de lacs-miroirs, trouvait difficile la compétition avec les premiers de classe d'une douzaine de villes et de villages du Québec, et sur un terrain qui n'était pas *le sien.* Les colonnes de la salle de récréation remplaçaient mal les troncs de sapins et d'épinettes. Je revins chez moi à Noël les souliers percés, le veston couvert de taches, l'œil méfiant, la réplique acerbe et en bonne voie de devenir le cancre officiel du collège. Avec l'approche de la puberté, mon enfance tournait au vinaigre. Mes parents s'exclamaient, levaient les bras en l'air, m'interrogeaient, l'air inquiet.

Quand je revins passer les vacances d'été à la maison, d'autres changements s'étaient produits. Mes anciens compagnons de jeux se troublaient à mon approche, car on leur avait dit que je parlais maintenant latin comme monsieur le curé. J'avais perdu le goût de bricoler et de courir dans les bois d'aulnes. La maison paternelle m'apparaissait incroyablement petite, mon œil ayant pris l'habitude des longs corridors, des salles d'étude et des dortoirs.

Comme mon frère François approchait lui aussi du moment où il devrait se faire instruire dans les «grandes maisons», mes parents jugèrent qu'ils n'avaient pas les moyens de garder deux pensionnaires au collège et décidèrent de quitter le village. Mon père demanda son transfert dans la région de Montréal et l'obtint.

Puis il prit le train pour aller nous trouver une maison à Joliette, ce qui nous permettrait, à mon frère et à moi, d'étudier comme externes.

Ce dernier été au village m'a laissé peu de souvenirs. La hantise du départ, de plus en plus forte à mesure que s'amoncelaient les caisses dans la salle à manger, l'a gâché. Par contre, je me rappelle fort bien le soir du départ. Le train passait à neuf heures. Les Bernier nous avaient invités à souper. Après le repas, je me promène avec leurs deux fils autour de la maison bâtie sur une colline d'où l'on aperçoit le lac et une partie du village. Je me penche et je ramasse un petit caillou poudreux que je glisse dans ma poche. C'était à peu près tout ce que je pouvais emporter de mon village. Il fallut bientôt se rendre à la gare. J'étais devenu curieusement apathique. Je me revois penché à la fenêtre du wagon. Le train s'ébranle. Un de mes amis court le long du quai en m'envoyant la main. Et soudain, il recule à une vitesse foudroyante et disparaît. Je ne vois plus que des arbres, qui filent vers l'arrière, de plus en plus vite. La noirceur finit par en faire une masse confuse. Je m'endors. J'avais treize ans. Mon enfance venait de s'envoler.

La ville

Ainsi donc, je devins demi-pensionnaire à Joliette. Cela fit de moi une sorte de demi-citadin. Ma vie était comme absorbée par le collège, tous mes amis s'y trouvaient : les vacances de l'été me permettaient bien de rôder dans la ville tout mon soûl, mais au bout de deux ou trois semaines, l'ennui me prenait. La vraie vie commençait pour moi en septembre, à la rentrée. En dehors du collège j'avais comme l'impression d'être un touriste installé dans un endroit familier, mais qui ne collait pas très bien à sa peau.

Bien sûr, il y a des coins de Joliette que je me rappelle avec une sorte d'ivresse amoureuse : le cinéma Vénus, où je vis mes premiers James Dean ; la librairie Martin, où je fis des achats inoubliables *(La barbe* d'Alphonse Allais, *L'éternel mari* de Dostoïevski, la *Cinquième* de Prokofiev dirigée par Antal Dorati sur étiquette Mercury). Et puis, c'est à Joliette qu'a commencé ma carrière de pilier de restaurant, au Monaco plus précisément, rue Notre-Dame, où la fringale des filles nous poussait chaque samedi soir, et à La Grange, où je courais avec mon ami Georges Aubin pendant la récréation de l'avant-midi avaler des rôties et une tasse de chocolat chaud.

Mais, quand je revois mon passé, Joliette m'apparaît comme une sorte d'antichambre remplie de pénombre, meublée avec une élégance un peu austère, que je regarde d'un œil attendri mais l'attention déjà occupée par ce qui se passe dans la salle attenante, immense et violemment éclairée.

Ma vraie vie de citadin commence en fait devant la maison de mes parents à Joliette, fin août 1962, quand je montai dans la petite Anglia de mes amis Richard et Camille L'Écuyer avec livres et bagages, plus une grosse boîte de provisions que m'avait donnée ma mère souriante et un peu inquiète ; nous nous préparions à filer vers la minuscule rue Duverger cachée à l'ombre de l'église Sainte-Madeleine d'Outremont, après avoir été acceptés tous les trois à l'Université de Montréal. Je me revois dans l'auto, frissonnant de peur et de plaisir à la pensée d'habiter mon premier appartement de célibataire dans une ville immense et inconnue où j'avais trois ans pour conquérir une licence ès lettres (et quelques femmes, si possible), puis m'avancer gravement sur le marché du travail, cravate au col, souliers cirés, cheveux lissés, et mettre la patte sur mon premier emploi, celui qui me rendrait totalement adulte.

Les premières impressions que je reçus de Montréal, tandis que nous filions sur le boulevard Métropolitain en cette fin de journée d'août 1962, sont à jamais liées en moi à une sensation d'aventure, de vitalité fébrile et presque de volupté. Et quand je mis pied à terre devant le 17 de la rue Duverger (je me rappelle encore l'odeur de poussière et d'herbe coupée qui flottait dans l'air et le frémissement des arbres derrière nous et les coups de klaxons tout autour), je compris avec une sorte de stupeur que ma première nuit en dehors de la maison paternelle commençait — il y en avait eu d'autres, mais elles ne comptaient pas —, la première d'une série qui ne s'achèverait sans doute qu'avec ma mort. Entre ces deux points s'étendait quelque chose d'immense et de sombre traversé de vives lueurs : ma vie. Cette chose m'effrayait, mais en même temps je l'aimais avec passion, une passion qui n'a jamais diminué.

* * *

Quelques jours plus tard, à peine installé dans notre appartement, je faisais ma première incursion nocturne dans la ville. À mon retour, j'étais devenu montréalais de la racine des cheveux aux ongles d'orteils.

Ce soir-là, après avoir traversé un recueil de nouvelles d'Alphonse Allais et m'être assuré que mes deux compagnons dormaient, je m'assis devant ma machine à écrire, poussé par le désir de rivaliser de drôlerie avec l'irrésistible Alphonse et de me tailler une place, moi aussi, dans la littérature humoristique française. La veille, une idée de nouvelle m'était venue pendant mon retour à pied de l'université et je la sentais maintenant qui cherchait à briser la petite capsule brûlante où elle était emprisonnée, pour aller s'étaler sur des feuilles de papier. Je me mis à l'œuvre, fébrile, le souffle court. Quand je relevai la tête de mon clavier, il était une heure du matin et j'avais 12 feuilles dactylographiées soigneusement rangées sur mon bureau. C'était, à ce moment précis, ma possession la plus précieuse au monde.

Malgré l'heure tardive, l'idée d'aller me coucher me paraissait saugrenue. J'étais sous l'effet de cette délicieuse fatigue de la vingtaine, que j'ai ressentie tant de fois : une sorte de ravissement surexcité, l'euphorie d'une demi-bouteille de vin épanouie par deux tasses d'espresso, cette bienheureuse lassitude qui, après les coups de colliers, servait de prélude au plaisir, si différente du fade abrutissement qui s'abat maintenant sur moi comme un tombereau de plâtre liquide.

Je décidai d'aller me promener en ville.

Je me sentais comme sous l'effet d'un coup de magie. J'étais jeune, libre et seul, je venais d'écrire un texte inoubliable (dont j'ai peine à me souvenir aujourd'hui) et je circulais en pleine nuit dans une ville inconnue remplie de rumeurs étranges, parcourue par une tiède brise de fin d'été, éclairée par la seule lueur des néons et des réverbères qui la déformait, l'agrandissait, lui donnait comme une autre âme. J'avais l'impression de pénétrer dans un roman.

Je me rappelle une longue promenade dans l'avenue Van Horne et mon étonnement ravi devant les vitrines illuminées des boulangeries juives encore ouvertes à cette heure. Une animation sourde et tamisée régnait partout. L'odeur du pain chaud me poussa dans une boutique. J'en ressortis avec un énorme bagel brûlant, mon premier et sans doute le meilleur que j'aie jamais mangé. Je fis demi-tour et me dirigeai vers l'avenue du Parc. Le 80 passa devant moi en rugissant. Les portes des restaurants ne cessaient de s'ouvrir pour livrer passage à des noctambules affamés ou repus. Des gens montaient ou descendaient des escaliers, traversaient la rue, s'appelaient d'un trottoir à l'autre. Deux hommes à longue barbe noire et chapeau plat à large bord conversaient tranquillement près d'une borne-fontaine. Je contemplais toute cette agitation avec un sourire ébahi. Un petit chien au poil plein de nœuds s'approcha de moi en frétillant de la queue et se mit à fixer avec envie le morceau de bagel que je tenais à la main. Je laissai tomber le morceau à mes pieds. Il s'approcha, l'avala, se laissa caresser un moment, puis disparut dans une ruelle.

Par la vitrine d'un délicatessen à demi bouchée par des rangées de pots de cornichons géants, j'aperçus deux amoureux affalés sur une banquette qui se dévoraient passionnément dans la lumière blanche des néons. Un gros homme tranchait des sandwiches derrière le comptoir. Il se retourna, le teint jaunâtre, les yeux pochés, les observa un instant et un sourire attendri réussit à franchir sa fatigue.

Je continuai ma promenade. Assis dans son auto, un chauffeur de taxi se lissait les cheveux en écoutant la radio. Il me fit un clin d'œil amical, glissa son peigne dans sa poche et démarra. Je me rendis jusqu'au coin de la rue Villeneuve, m'arrêtant tous les dix pas pour observer quelque chose. Arrivé devant les vitrines du magasin Lalonde, je me mis à contempler les immenses tapis indiens, turcs et chinois qui étalaient dans la nuit leur splendeur multicolore exaltée par les réflecteurs.

J'entendis de nouveau le grondement du 80 qui approchait. Une impulsion subite me saisit. Je courus à l'arrêt en fouillant fébrilement dans ma poche à la recherche d'un billet et grimpai dans l'autobus.

Une demi-heure plus tard, je déambulais rue Sainte-Catherine. La nuit lui avait enlevé son caractère de lieu public. Elle était devenue comme une immense salle de séjour où se déroulaient ici et là de petites scènes étonnantes. Les vagues de piétons pressés qui l'envahissaient le jour avaient fait place à des grappes de noctambules qui s'abandonnaient avec un sans-gêne déconcertant à leurs émotions, à l'effet de l'alcool ou tout simplement à la curiosité. Au coin de la rue De Bullion, un jeune couple éméché réglait une querelle de ménage où il était question d'un bébé qui n'avait pas cessé de pleurer depuis deux jours. Appuyé contre la vitrine illuminée d'un Woolworth, coin Saint-Laurent, un vieux monsieur lisait un livre sur l'acupuncture.

Une heure plus tard, je me retrouvais assis au comptoir du restaurant Eldorado près de la rue Clark, en train de lire un éditorial de Gérard Filion tout frais sorti des presses de l'Imprimerie populaire. Des robineux pensifs sirotaient leur café en causant à voix basse. À trois pieds de moi, une grosse dame affublée d'un incroyable manteau rose bonbon à col de fausse hermine, un caniche tout tremblant sur les genoux, discutait d'une voix criarde avec un serveur à face d'épagneul au sujet d'une insulte que lui aurait lancée la veille le patron de l'établissement. Caché quelque part dans un haut-parleur invisible, Elvis Presley hurlait *Hound Dog* en sourdine.

Je n'oublierai jamais cette première nuit de flânerie dans Montréal. Elle est devenue dans ma tête comme une sorte d'objet biscornu et multicolore, un amalgame inouï de sensations étonnantes, mon premier regard d'homme sur la condition humaine.

Ce que j'aime dans la ville, c'est cet effet de compression et de concentration qu'en reçoit la vie. Ce que j'appelle l'effet Balzac. Il suffit d'avoir des yeux, des oreilles, un peu d'empathie et d'imagination pour le sentir à chaque instant.

Un immeuble de rapport rue Papineau, face au parc La Fontaine. À l'appartement 905, un vieil homme, ancien militaire, veuf depuis six mois, relevant de son deuxième infarctus. Il est assis dans le salon face au téléviseur et attend un appel de sa fille, infirmière à Québec, qui devait lui téléphoner au début de la journée. L'homme soupire, consulte sa montre et s'applique à suivre *Allô Bou Bou* afin de tromper son ennui.

Un étage plus bas, au 805, un jeune couple emménage dans son premier appartement. Ils ne se connaissent que depuis trois mois et sont encore au sommet de leur exaltation amoureuse. Mais, sans qu'ils le sachent, la phase des ajustements douloureux vient de commencer. La jeune femme sort d'une boîte de carton un réveille-matin glissé entre des piles de serviettes, le pose sur le tapis et prend son amant par le cou. Elle hume longuement sa peau qui lui rappelle l'odeur de la menthe.

Dix pieds plus loin, au même étage, un garçon de douze ans s'avance dans le corridor en traînant les pieds, une petite valise à la main, et frappe au 803. Il arrive de chez son père, boulevard Henri-Bourassa, pour passer la semaine chez sa mère, tel qu'il a été convenu lors du divorce. Cet après-midi, il a calé son examen de mathématiques. Demain, samedi — corvée assommante — il devra passer toute la journée à magasiner avec sa mère, qui a décidé de l'habiller de neuf des pieds à la tête. Pourvu au moins qu'il y ait de la tarte au chocolat dans le frigidaire!

La vie est un roman. La ville est un roman. Clichés vieux comme la pluie. La matière est là, palpitante, incommensurable, défiant les écrivains.

Ce foisonnement fabuleux, la ville le prolonge aussi dans le passé. Quand on lui en laisse un, bien entendu. À tous moments, les déplacements d'un citadin dans sa ville s'ouvrent sur des profondeurs tortueuses pleines d'un bric-à-brac pittoresque, de scènes terribles, d'évocations touchantes.

Je file sur le pont Jacques-Cartier en direction de Montréal et j'aperçois le vieil édifice de la compagnie Familex dont les colporteurs m'impressionnaient tant durant mon enfance. Auparavant, on y fabriquait le savon Barsalou; ma grand-mère ne jurait que par lui. Maintenant, on y fait du cinéma.

Quand je passe devant le square Saint-Louis, comment ne pas penser à Émile Nelligan qui le traversait chaque matin pour se rendre à son collège? La rue Fabre me rappelle *La grosse femme d'à côté est enceinte* — et, par ricochet, la Seconde Guerre mondiale. L'avenue du Mont-Royal fait surgir devant moi les personnages de *L'hiver de force*. Et quand je traverse le champ de Mars, je crois presque entendre les hurlements de la foule soulevée d'indignation par l'exécution de Louis Riel. En me dirigeant plus à l'est, rue Notre-Dame, je distingue l'ancienne prison du Pied-du-Courant tout enveloppée de ses gros entrepôts remplis de bouteilles de vin, j'aperçois les cadavres des Patriotes de 1837 qui se balancent à leur gibet sous les regards atterrés du peuple muet et craintif.

Sacré Montréal! Sacrée vieille ville maltraitée, galeuse et irremplaçable! Pas un jour ne passe sans que tu me procures un de ces effets d'épaisseur temporelle qui remplissent de rêves mes allées et venues, donnent du tonus à un après-midi jusque-là insipide et me fournissent ma ration indispensable de coups d'aiguillons!

Aux souvenirs qui s'agitent en moi à la vue de toutes ces maisons que j'ai habitées (rues Duverger, des Érables, Fabre, Saint-Denis, Sacré-Cœur, Jean-Talon), de ces quartiers où j'ai circulé dans tous les états d'âme imaginables, se greffent les souvenirs et la vie de trois, cinq, dix générations d'hommes et de femmes qui les prolongent, les amplifient, leur donnent une profondeur et un sens que l'examen myope de la seule vie individuelle — cette contemplation d'un mur de béton — est incapable de fournir.

C'est Montréal qui m'a fait découvrir que je suis Québécois, pour le meilleur et pour le pire. C'est ici que j'ai appris ma condition, devant les affiches unilingues anglaises, dans les manifestations et les assemblées politiques, ou tout simplement en écoutant les passants, mes voisins de métro, les serveuses, le dépanneur du coin, les chauffeurs de taxi de bonne humeur ou pas, les enfants avec leurs fusils de cow-boy, leurs bicyclettes, leurs cordes à danser, leurs mots salés, leurs sourires à couper le souffle. La ville, ce gros livre aux pages salies et déchirées, que je n'aurai jamais fini d'apprendre, toujours en train de se modifier, hideux et admirable, rempli de contradictions comme la vie elle-même.

* * *

Montréal pittoresque et foisonnant. Montréal mutilé. Saccagé. Amputé de son passé. De sa mémoire. Les années Drapeau: une lobotomie. La modeste et jolie rue De La Gauchetière, éventrée par des terrains de stationnement. Le quartier Saint-Henri, pulvérisé. L'autoroute Ville-Marie: comme un coup de sabre en plein visage. La rue Sherbrooke, somptueuse et solennelle, rasée impitoyablement par les promoteurs immobiliers pour y planter ces rangées de gratte-ciel qui donnent froid dans le dos. Et toi, ma pauvre vieille rue Dorchester, autrefois si douce et nonchalante, belle bouche aux lèvres charnues dont on a arraché presque toutes les dents pour les remplacer par des morceaux de béton et d'acier qui font craquer tes mâchoires, je ne pourrai donc me promener que dans tes seules photos jaunies?

J'étais étudiant à l'université quand on a construit sur Sherbrooke, à l'ouest de la rue Hutchison, ce Holiday Inn de 20 étages avec sa façade de tôles tordues. Je me revois devant l'édifice, la bouche ouverte et les yeux ronds, impressionné par tant de béton. Dieu! que nous étions sots à l'époque, incapables de prévoir que toute la rue allait y passer, et presque tout le centre-ville...

Trente années de progrès nous ont bien fait reculer! Une des plus belles villes d'Amérique a failli devenir un minable succédané de New York. On s'occupe maintenant de sauver les restes, avant qu'ils ne tournent en vestiges. Montréal saccagé, Montréal mutilé, ton lait chargé d'épices m'a si bien nourri que je continue de t'aimer malgré tes plaies.

* * *

La ville, cet accélérateur du temps, cet amplificateur de sensations. L'air y agit comme du café. L'œil n'arrête pas de dévorer. À chaque instant, quelque chose me parle. Les fonds de cour délabrés. Les façades pittoresques et fatiguées — ou saisies alors par une nouvelle jeunesse qui les a repeintes en crème ou en bleu ciel et les offre avec orgueil aux passants, solennelles et pimpantes, le temps de nouveau aboli. L'abondance des visages. Défraîchis, massacrés, grimaçants ou alors jeunes, éblouissants, comme indestructibles (cette fille splendide qui passe sur le trottoir en pantalon de cuir bleu foncé et qui a l'air d'avoir été vaccinée contre la mort). Un robineux ravagé s'approche de moi, puant la

crasse et l'alcool, et me bafouille une demande d'aumône.
Je surprends une conversation d'enfants, rue De Bré-
beuf. Ils sont assis dans un escalier en train d'évaluer
gravement leurs pères respectifs. Un accident place
d'Armes au pied de la tour noire de la Banque Nationale. Une Chevrolet jaune, immobile, un cycliste étendu
dans la rue. La roue de sa bicyclette tourne encore. Il
perd du sang par la bouche, cherche à se relever, une
vieille dame le retient. Cinq, puis huit, puis 25 badauds
viennent déguster tranquillement le spectacle. Je passe
devant un disquaire. Parmi les derniers arrivages, la
Dixième de Schubert, laissée à l'état d'ébauche par le
compositeur l'année de sa mort et terminée patiem-
ment par deux musicologues. Entrez, entrez, profitez de
l'occasion inespérée de visiter une pièce jusque-là fermée du château intérieur de Franz Schubert, un des
hommes les plus extraordinaires qu'ait produits l'humanité. Rue Sainte-Catherine, l'odeur pénétrante du
monoxyde de carbone. Une mère de famille, tenant ses
deux enfants par la main, court vers un arrêt d'autobus
dans un flacottement de talons hauts. Je longe le complexe Desjardins, le nez en l'air, examinant cette
énorme masse de briques gris taupe qu'on dirait sortie
de la tête d'un pharaon transplanté dans le xxᵉ siècle —
et je manque de buter contre un de mes anciens compagnons de travail que je n'ai pas vu depuis trois ans.
On se dirige vers un café. Il a changé deux fois d'emploi
et trois fois de blonde. La dernière est enceinte. Poignée
de main. On se quitte. De nouveau la rue. Des odeurs
de cuisson, de peinture, des bouts de phrases en anglais,
en italien, en grec, qui ont commencé à se dissoudre
peu à peu depuis quelques années dans l'atmosphère
française qui pénètre de plus en plus la ville. Coin Berri–

Sainte-Catherine, je descends dans le métro, ce grand salon mobile où je lis mes journaux, organise mes journées et observe les gens à la dérobée (qu'est-ce qui peut bien se passer dans l'esprit de ce jeune homme à longue barbe, curieusement habillé, qui me fixe d'un regard vide ?). Je remonte à la surface et j'avance dans une rue bordée de pelouses. Paix funèbre des rangées de bungalows. Un tricycle abandonné au milieu du trottoir. Je consulte une carte professionnelle pour vérifier une adresse, je sonne à une porte. L'entrevue terminée, je me retrouve encore une fois au centre-ville, rue Saint-Denis, où règne comme à l'accoutumée une effervescence juvénile. J'entre dans la Côte à Baron, je me rends au fond du restaurant et je pénètre dans une cour intérieure délicieusement paisible. Tout en sirotant un café à quelques pieds de l'agitation générale, je songe aux masses de livres de la Bibliothèque nationale, tout près de moi. Dix minutes plus tard, j'y suis, en train de prendre des notes sur la vie privée de sir George-Étienne Cartier, homme d'affaires, politicien, père de la Confédération et joueur de sales tours. Dans une heure, je dîne avec mon ami Dorion au Relais Saint-Denis.

La journée achève. Je reviens à pied chez moi, songeur, un peu fatigué. Devant le dépanneur de notre quartier, une poubelle de métal, vide et cabossée, oscille sur le trottoir, poussée par le vent. Dans le silence de la nuit qui descend, elle émet un bruit bizarre, comme les coups étouffés de la grosse caisse d'une fanfare qui passerait au loin.

Poésie étrange de la ville, cette antichambre de l'enfer, cette manufacture de plaisirs, le meilleur et le pire endroit qu'ait pu s'aménager l'homme sur terre, mon amour et ma passion.

Journal 1983

22 février 1983

Je devais avoir huit ou neuf ans. C'était l'été. Le soir commençait à tomber. Je jouais dehors, devant la maison, avec mon frère et des amis, sur le chemin bordé de sable fin qui traversait le village. Le soleil couchant nous cuisait la peau. Nos cheveux étaient mouillés de sueur. J'entrai dans la cuisine prendre un verre d'eau. Mon père ou ma mère avait installé sur notre nouveau combiné Electrohome — orgueil de la famille — la *Cinquième* de Beethoven dirigée par Toscanini. C'était encore l'époque des 78 tours. Je revois encore le gros album à couverture cartonnée qui contenait les quatre disques de la symphonie. Un artiste à tendances quelque peu hystériques l'avait illustré en aplats aux couleurs vives. Beethoven, l'air sinistre, se promenait courbé dans la tempête, les mains ramenées dans le dos. Derrière lui, la foudre venait de frapper un arbre noir et dénudé sur le haut d'une colline.

À mon irruption dans la cuisine, tout essoufflé, la gorge comme du carton, à des milliers d'années-lumière de ce monsieur Beethoven de Vienne et de ses ennuis psycho-météorologiques, le deuxième mouvement commençait, cette espèce de marche solennelle, émouvante et recueillie que je me suis répétée dans la tête des milliers de fois sans jamais me lasser. J'arrêtai net au milieu de la cuisine et, mine de rien, me mis à écouter. Jamais je n'avais rien senti de pareil. Je connaissais le plaisir de la lecture. Mais il s'agit d'un plaisir lent, qui se construit page après page en nous, indifférent à nos yeux affamés qui voudraient dévorer le livre d'un coup. Tandis que là… c'était l'extase… l'impression de posséder la terre et les étoiles, de dépasser le temps… Une foule de choses mystérieuses, d'une beauté incroyable, se déroulaient simultanément en moi… Un orchestre (je ne savais probablement pas à l'époque ce que ce mot voulait dire), cette machine humaine si puissante et si étrange, télécommandée par monsieur Beethoven de Vienne, racontait quelque chose d'infiniment simple et complexe à la fois, qui avait figé sur place dans son village d'Abitibi un petit garçon de 8 ans aux souliers remplis de sable.

J'écoutai encore une minute, bus mon verre d'eau et ressortis en courant. Mais deux minutes plus tard, ce fut plus fort que moi, j'entrai de nouveau dans la maison et je m'assis dans un coin.

— Qu'est-ce que tu as? me demanda ma mère, intriguée.

— Moi? Rien. Juste un peu fatigué.

En fait, j'attendais que le fameux thème de la marche revienne et me refasse son effet d'hélicoptère. Il finit par revenir. Je montai de nouveau dans l'espace. C'était ça. À côté de ça, il n'y avait pas grand-chose dans la vie qui importait vraiment.

Aujourd'hui, à 41 ans, je n'ai pas changé. La semaine dernière, Yves Beauchemin, le petit garçon caché dans un adulte, mari, père de deux enfants, écrivain et propriétaire, s'est acheté un jouet pour connaître un peu plus souvent *l'effet d'hélicoptère*. Succombant à la mode, il s'est acheté un de ces baladeurs avec système Dolby, écouteurs superlégers et tout le bataclan. Loin de moi l'idée de me promener avec mon appareil dans la rue! Je me sens peu de propension à circuler dehors, l'œil légèrement agrandi, opérant des mélanges capiteux concertos-grondements d'autobus. Non. Je me suis acheté un baladeur pour meubler le vide de mes soirées de chambre d'hôtel quand mes tournées de commis voyageur de la littérature me retiennent loin de chez moi. Pour atténuer les effets du sevrage de musique classique qui me saisit chaque été quand nous prenons nos vacances à la campagne ou sur le bord de la mer. Pour être sûr, où que je me trouve, d'obtenir ma ration quotidienne de musique, un peu comme le drogué qui traîne avec lui sa trousse d'aiguilles et de seringues. L'effet d'hélicoptère, voilà le hic. Je n'ai pas du tout honte de ma dépendance. J'en suis fier. Elle aide le petit garçon à continuer de vivre en moi. N'est-ce pas pour connaître de temps à autre des effets semblables (il y en a plusieurs sortes, je suppose, selon les individus) que les hommes acceptent d'avancer, jour après jour, dans cette vie un peu insipide que la société industrielle trace devant nous avec un peu plus de précision à chaque décennie et qui me rappelle ces autoroutes où on file à 100 kilomètres à l'heure en bâillant?

L'effet d'hélicoptère: j'y reviendrai.

1er mars

J'ai commencé aujourd'hui la rédaction de mon troisième roman. Voilà plusieurs semaines que je repoussais la minute de vérité. Depuis cinq ou six ans, j'accumulais pêle-mêle des matériaux dans mes petits calepins noirs. Il y a un an, j'ai commencé à mettre un peu d'ordre dans ce fouillis, retranscrivant tout dans un cahier, sur la couverture duquel j'avais écrit en grosses capitales : ROMAN III, un peu comme ces compositeurs à grosse tête et petites lunettes qui baptisent leurs œuvres expérimentales : *Ambiance IV*, *Atmosphère II*, *Cosmogonie XIV* ou *Bio-transmutation 118* et autres turlupinades post-viennoises du même genre. Six mois plus tard, je commençais les premières esquisses de mon plan. Vers la mi-janvier, je me suis mis à la rédaction de mon résumé final. Première difficulté : les noms des personnages. J'en avais trouvé quelques-uns, mais il restait bien des baptêmes à faire. Or comment connaître un personnage quand on ne l'a pas fait vivre par l'écriture ? Et quand on le connaît mal, comment lui trouver un nom ? Dans mon esprit, en effet, il y a une sorte de lien magique entre le nom d'un personnage et ce qu'il est. Je procède avec les mêmes tâtonnements anxieux des futurs parents qui cherchent par un prénom à cerner — ou fixer ? — la personnalité du petit fœtus en train de se balancer dans le ventre de sa mère, un pouce dans la bouche. Je consulte des listes de prénoms, des dictionnaires de synonymes, je fouille dans des annuaires téléphoniques, attendant que le déclic se produise. Pourquoi Juliette et non Hortense ? Pourquoi Pomerleau et non Gratton ? Je tiens ma logique soigneusement à l'écart pour laisser mon inconscient s'amuser tout son soûl. Et à chaque déclic je remercie Freud à genoux. Enfin ma liste est prête. Bien des personnages viendront s'ajouter par surprise au cours du récit.

C'est à ce moment que se présente la minute de vérité. Jusqu'ici, je préparais mon roman. Maintenant, il faut le faire. Je ne suis pas le premier écrivain que le moment de la première phrase fait frémir. C'est une réaction aussi banale que le mal de mer. Mais elle tord diablement les tripes! Comme le saut dans le vide. Car j'ai beau avoir essayé de tout prévoir, je sais fort bien que je m'embarque dans une aventure où je ne contrôlerai pas grand-chose.

D'abord, cette maudite phrase. Cette phrase qui ne va jamais où elle doit aller, qu'on doit rabattre constamment à droite, puis à gauche, retenir, pousser, tirailler, comme un attelage de chiens esquimaux mal entraînés. Qu'il est épuisant l'effort pour traduire en mots de tous les jours l'image précise qu'on a en tête, cette intonation qu'on entend presque, ce mélange d'odeurs qu'on croit renifler, la réplique de ce gros monsieur au coin de la rue — la seule *bonne*, la seule *vraie* — qui n'arrive pas à se formuler!

La phrase à diriger, l'adjectif à trouver, l'assemblage de mots qui ne fasse pas cliché, mais qui ne sombre pas non plus dans l'hermétisme, qui soit évocateur sans chercher niaisement à tout évoquer. Et puis il y a aussi l'humeur. Mon humeur. Le goût d'aller faire un tour dehors plutôt que de m'asseoir devant ma machine à écrire, où d'ailleurs personne ne m'appelle. En effet, qui a besoin d'un roman de plus, après tous ces millions de romans qu'on a écrits depuis des siècles et dont la plupart ne valent même pas leur papier? Qu'est-ce qui te prouve, présomptueux petit Beauchemin, que ton livre pourra se hisser au-dessus de la médiocrité générale? As-tu vu le doigt de Dieu proclamer ton génie en lettres de feu sur le mur? Tu as connu un peu de succès? Qu'en restera-t-il dans cinq ans?

Il faut éviter, avant de se mettre à écrire, de s'attarder à ce genre de questions, qui mènent tout droit au néant.

Après avoir développé le courage de s'installer chaque jour devant sa machine à écrire, il faut développer celui de se relire à la fin de la journée. Parfois, c'est le contentement. Mais la plupart du temps, je ressens une vague insatisfaction. Dans le fond, le problème est simple : c'est un problème de mots. Il y a trop de mots, pas assez de mots ou ce ne sont pas les bons mots. Mais où se cachent-ils donc, ces bons mots, ceux qui me procurent ce chatouillement délicieux dans l'estomac ?

J'écris mon premier jet à bride abattue, cherchant la griserie. Le temps des corrections viendra bien assez vite, ces longues années où il faudra lutter pied à pied contre le dégoût devant la page écrite, en essayant de le faire reculer, sans jamais espérer le voir disparaître.

Comme il faut aimer ses livres pour les écrire !

5 mars

Vers sept heures du matin, Renaud, comme d'habitude, s'est mis à nous appeler pour qu'on le sorte de son lit. Je me lève, je vais le trouver. Le rite est toujours le même. Il refuse d'abord de se faire prendre et me tend son biberon pour que j'aille le remplir. Je descends à la cuisine, je le lui redonne plein au quart, puis je me hâte vers mon lit, où Viviane commence à bouger doucement. C'est la dernière trêve avant le début de la journée qui va commencer au pas de course dans 10 minutes — 15 avec un peu de chance. Je me tourne vers la fenêtre. Il y a du soleil ce matin, beaucoup de soleil. Serait-ce la fin de notre début de printemps cafardeux ? Je contemple un moment la flèche de l'église Saint-

Antoine, qui se dresse, droite et fine, dans le ciel bleu pâle. Chaque matin, elle me fait le même plaisir. Puis, j'entends Alexis qui se lève. Autre rite immuable: il se rend aux toilettes, retourne dans sa chambre, chausse ses pantoufles et se met à jouer. Voilà, la journée vient de démarrer. Renaud a entendu son frère. Il n'a plus que mépris pour son biberon.

— Maman! Veux joue, veux joue!

— Allons, il faut se lever, fait Viviane en sautant à bas du lit (ce mouvement qui m'est impossible: je m'extirpe, morceau par morceau). Tant pis si j'ai creusé ma cave jusqu'à minuit hier (car je meuble présentement mes soirées en jouant au forçat), la journée m'appelle, courbature ou pas, jambes fermes ou flageolantes. Et puis, il fait si beau! Viviane enfile sa robe de chambre et va retrouver Renaud. Je les entends rire aux éclats. Alexis va les rejoindre et je m'amène à mon tour, traînant mes quarante et un ans qui, pour une demi-heure encore, me donneront l'impression d'en faire quatre-vingt-deux. Pendant que j'habille Renaud, Viviane descend à la cuisine. Le grondement rageur du moulin à café. L'arôme capiteux qui remplit soudain toute la maison. Les commentaires d'Alexis sur sa nouvelle armure de Viking en plastique imitation bronze, ses questions en mitraillades sur 113 sujets à la fois pendant que Renaud agite les pattes pour m'empêcher de lui enfiler sa culotte tout en poussant sa version très personnelle de *Malbrough s'en va-t-en guerre*, et puis ce soleil qui semble vouloir durer et le croassement des corneilles par la fenêtre entrouverte et l'arôme du café qui insiste de plus en plus et les questions d'Alexis sur le fonctionnement d'un bulldozer qu'il vient d'apercevoir dans un vieux catalogue Eaton et Renaud qui me supplie de le faire sauter dans mes bras… Pourquoi diable doit-on vieillir et s'éloigner de toutes ces choses? Pire encore: les oublier?

6 mars

Je reviens à mon effet d'hélicoptère. De quoi s'agit-il, en fait? J'avais l'air de sous-entendre l'autre jour que seule la musique pouvait le produire. Heureusement non. Les causes varient selon les individus. Et chez la même personne, il y a souvent plus d'une cause. On appelle cela la variété dans le bonheur. Et mon éventail à moi est-il bien large? En cherchant un peu, je trouve pêle-mêle: l'amour, la musique, le café, la lecture, un bon film, le jogging (ce fameux «orgasme d'oxygène» qui donne l'impression de pouvoir courir indéfiniment sans fatigue), et puis certaines causes rares, comme une manifestation dans la rue, une discussion passionnée avec un ami — quand les cerveaux se mettent à tourner furieusement comme des moteurs d'autos de course —, l'extase soudaine qui nous saisit au cours d'une promenade dans une belle ville, et puis cette gelée magique qui envahit tout à coup la salle au cours de la représentation d'une pièce et qui semble figer le temps. Je n'ai pas connu cet effet d'hélicoptère plus d'une douzaine de fois. Dans la *Danse de mort* de Strindberg, par exemple, avec Denise Pelletier et Jean Gascon au Théâtre Orphéum en 1964 et puis, l'an passé, au Petit Café de la Place-des-Arts en assistant au *Spectacle Tchekhov*. Ce soir-là, Albert Millaire, Catherine Bégin et Jean-Pierre Chartrand emportèrent la salle au sommet du mont Everest avec la facilité que je mets à glisser mon auriculaire dans mon oreille.

Mon premier effet d'hélicoptère au cinéma? Ce fut, bien sûr, lors de ma *première* rencontre avec le cinéma, un samedi après-midi des années 1940, dans l'église-école de mon petit village, qui servait aussi de salle de spectacles, l'écran déroulé devant l'autel et réfléchissant, à quelques pieds du tabernacle, les aventures de Tom Mix aux prises avec des hors-la-loi aux têtes hirsutes. Je connus aussi un fameux de bel effet en 1956 au cinéma Vénus à Joliette en voyant *La fureur de vivre* de Nicholas Ray avec James Dean. À la fin de la représentation, le pilote de l'hélicoptère, un peu salaud, me laissa tomber en plein milieu du trottoir dans le soleil aveuglant d'un après-midi d'été sous le regard stupéfait d'un gros piéton à chemise carreautée qui m'observait comme si j'avais eu un deuxième nez au milieu du front.

En vieillissant, on apprend à préparer ses atterrissages. On dit que les amoureux amortissent le coup en fumant une cigarette au lit. Ceux qui ne fument pas peuvent se réciter des vers de Valéry ou manger des biscuits soda avec du camembert, etc.

*   *   *

L'effet d'hélicoptère est capricieux. Il fond sur nous par surprise. J'ai fait une envolée sublime il y a plusieurs années en entendant, grâce à une méchante petite radio, la *Neuvième* de Mahler dirigée par sir John Barbirolli. L'extase, les larmes et tout. Jamais personne ne m'avait parlé d'une façon à la fois si triste et si consolante de la mort, de *ma* mort. Deux ans plus tard, j'achète l'enregistrement de la symphonie, je pose le disque sur ma platine, j'enfile mon habit de vol et je m'assois. L'hélicoptère n'a jamais décollé. Ça ne dépendait ni de Mahler ni de Barbirolli, mais de l'auditeur pataud que j'étais, qui croyait naïvement qu'il suffit d'appeler l'extase pour en être saisi.

7 mars

Je viens d'aller faire des courses cet avant-midi dans l'ouest de la ville, rue Sainte-Catherine. Ciel gris mais sans lourdeur. Un vent frisquet, mais qui ne nous oblige pas à glisser les mains dans nos poches. Une affluence agréable de piétons qui évite la bousculade et donne un air d'animation joyeuse à cette grande rue un peu délabrée.

Et soudain, en voyant les trottoirs refaits de l'an passé, élargis par des sections de briques roses, rythmés par l'apparition de nouveaux lampadaires et de jeunes pousses de frênes qui donneront dans quelques étés un peu de douceur et d'ombre à cette pauvre Catherine calcinée par le soleil, étouffée par la poussière et le monoxyde de carbone, je me suis dit qu'un coup de barre avait dû être donné à l'hôtel de ville et que la dévastation de Montréal touchait peut-être à sa fin. Jean Drapeau au couchant de sa carrière avait peut-être décidé de se fabriquer en deux temps trois mouvements un semblant de renommée à la baron Haussmann.

Commencée, je suppose, au cours des années 1930 avec l'invasion de l'automobile, la destruction de Montréal était bien avancée lorsque je vins habiter la ville en 1962 pour faire mes études en lettres. Le flux insupportable des autos avait agi sur les rues comme une poussée de sang au cours d'une attaque d'apoplexie. On avait abattu les arbres pour élargir les rues, couvert les jardins d'asphalte ; le carnage de la rue Sherbrooke, du boulevard Dorchester et de tant d'autres rues commençait ou se poursuivait. Submergées par le bruit, les belles maisons qui bordaient les principales artères s'étaient vidées de leurs occupants et suivaient une spirale descendante qui menait tôt ou tard à la boule de fonte du démolisseur. Une fois celui-ci parti avec ses camions chargés de débris, les emplacements libres servaient de terrains de stationnement ou — pire encore — de chantiers pour l'érection de nouvelles constructions. Parlons-en, de ces constructions! À partir des années 1950, l'architecture montra que les deux motifs qui avaient poussé jusqu'ici la bourgeoisie à élever des édifices — le profit et le goût pour une certaine grandeur — s'étaient réduits à un seul: le profit. C'est-à-dire: construire au plus bas coût possible, puis louer le plus cher possible. L'architecte, comme une fille de passe, devait se plier aux caprices les plus sordides de ses clients. Cela nous a donné des édifices d'une pauvreté architecturale calculée, d'une vulgarité massive et satisfaite, puis — avec l'apparition des gratte-ciel — d'une arrogance totalitaire qui transforme le piéton en atome et les vieux édifices voisins en molécules insignifiantes.

Mais on continuait de s'acharner sur la ville comme une bande de loups affamés sur un chevreuil. Ce fut l'autoroute Ville-Marie, la Maison de Radio-Canada, la transformation du centre-ville en une mauvaise réplique de New York. Et le reste.

Voilà du moins comment je me représente l'histoire de ma ville, le cœur me servant parfois de mémoire.

Mais ce matin, en voyant cette pauvre rue Sainte-Catherine qui essaye courageusement de s'embellir, je me reprends à espérer. Je longe le côté nord de la rue. En face de moi, à mille pieds, j'aperçois l'édifice de la

Plaza-Alexis-Nihon. Vis-à-vis de moi, de l'autre côté de la rue, se dresse la façade d'une rôtisserie Saint-Hubert. Entre la rôtisserie et le coin de la rue Lambert-Closse, j'aperçois un pâté de vieilles maisons de pierre grise, sûrement d'anciennes résidences. Je compte les maisons, avec leurs toitures fatiguées, leurs lucarnes avachies, leurs rez-de-chaussée masqués par des avancées de brique et d'aluminium où on a percé des vitrines, accroché des néons, fixé des panneaux publicitaires. Elles restent belles, ces vieilles maisons de deux étages, émouvantes même sous le poids de leurs malheurs. Et j'aime penser que ces trottoirs élargis, ces nouveaux lampadaires, ces jeunes pousses d'arbres si fragiles sont comme un petit signe amical que les Montréalais leur font tout à coup, pour leur dire de ne pas désespérer, que des jours meilleurs s'en viennent enfin.

15 mars

Ce soir, Viviane s'est surpassée en osso buco : léger, fondant, nappé d'une sauce tomatée dans laquelle le citron et le persil émincé ont longuement répandu leurs bienfaits, il se loge dans l'estomac comme une poule dans son nid. Délicieusement alourdi, je vais m'affaler dans le salon obscur. Derrière moi, la neige crépite contre la fenêtre avec un bruit doux et obstiné. Une molle envie me prend d'écouter de la musique, mais la paresse me coupe les jambes et je reste assis, perdu dans mes rêveries, qui changent à tout moment d'objet, comme pour m'éviter le moindre effort de concentration.

Et, soudain, un souvenir surgit dans ma tête, avec une violence fougueuse qui m'arrache à ma torpeur et me raidit dans le fauteuil. Je fixe le noir, tout saisi.

Me revoici en 1963, en ce même mois de mars, à la même heure. C'est un samedi et je viens de quitter la table, où j'ai soupé avec ma mère, mes sœurs Anne et Danielle et mes frères François et Michel. Chaque fin de semaine, je laisse mon appartement d'étudiant à Montréal et je reviens à Joliette, renouant pour deux jours avec mon ancienne vie. Comme si souvent, la place de mon père reste vide : il est retenu au loin par sa passion, la forêt, qui lui permet de gagner sa vie et ne le rend aux siens qu'une fois par trois semaines.

Michel, à cinq ans, souffre de ses absences. Souffrance de petit garçon qui a besoin d'un homme pour se tirailler, échanger des blagues, discuter de sujets très graves dans un coin tranquille et apprendre les mille et une choses qu'on ne peut apprendre que de son papa.

J'arrive le vendredi soir, jeune célibataire tout joyeux d'être débarrassé de la corvée des repas et des lavages — car maman, bien sûr, s'occupe de tout — et je m'amuse de temps à autre avec Michel. À quatre pattes sur le plancher, je lui sers de cheval pour des randonnées dans les plaines du Far West ou les forêts de l'Abitibi, nous jouons à cache-cache dans toute la maison, au grand effroi du chat, je l'amène faire des courses en ville, nous nous amusons avec ses camions et son jeu de Lego (jamais plus de vingt minutes à la fois, cependant, sinon les bâillements me prennent) — et puis, de temps à autre, je lui raconte une histoire au moment où il se met au lit.

Sans le savoir, je suis devenu un peu son père, par substitution. À partir du vendredi matin, il se met à compter les heures qui le séparent de mon retour.

— Maman, est-ce que tu penses qu'Yves commence à préparer ses bagages, là ?

— Oui, oui, il a commencé.

— Maman, est-ce que tu penses qu'il est monté dans l'auto de Richard pour s'en venir?

— Pas encore, mais bientôt. Va regarder la télé, mon loup, ça va t'aider à passer le temps.

— Maman, c'est sûr, là, qu'il s'en vient, pas vrai?

— Oui, Michel. D'après moi, dans une demi-heure, il va être ici.

— L'auto va vite?

— Très vite. Mais pas trop quand même, se reprend ma mère, sinon elle pourrait faire un accident.

Il hoche la tête, réjoui, un peu inquiet tout de même à la pensée de l'éventuel accident.

Je n'ai pas eu le temps de mettre un pied dans la maison, ma valise d'une main, mon sac de linge sale de l'autre, qu'il se précipite sur moi avec des hurlements de joie (nouvel effroi du chat) et s'enroule autour de ma jambe comme un boa constrictor, au risque de me faire perdre l'équilibre.

De semaine en semaine, l'accueil se fait un peu plus délirant. Pendant un court moment, malgré mon plaisir, j'en suis presque effrayé. Je sens tout le poids qu'il y a dans cette attente et dans cette joie, dans cet abandon total et absolu qui demande la pareille, avec la terrible exigence des enfants. Je n'ai encore jamais été le père de personne et je ne connais rien à ce métier.

— Vous savez, dit Michel à ses amis, Yves, c'est mon parrain.

Il n'a pas la moindre idée de ce qu'est un parrain, mais il en tire une fierté considérable, car cela constitue un lien de plus entre nous deux.

Ce soir-là, donc, délicieusement alourdi par un succulent pâté chinois, je m'étais retiré dans le salon pour le plaisir d'une paisible digestion. La pièce, plongée dans l'obscurité, paraissait plus grande que de coutume. Affalé dans un fauteuil, les paupières à demi fermées, je fixais la fenêtre, contre laquelle les flocons de neige tourbillonnaient avec un bruit mou et paisible, qui rappelait vaguement une caresse.

Les jambes étendues, je flottais dans mes pensées lorsque Michel apparut dans la porte ; il me regarda un moment, puis alla s'asseoir sur le canapé en face de moi. La télévision jouait dans la pièce voisine et des giclements de robinets indiquaient que ma mère achevait la vaisselle.

Michel continuait de me regarder. Je voyais à peine ses traits, mais quelque chose dans son attitude m'annonçait qu'il se préparait à me faire une déclaration très importante.

Il secoua légèrement les pieds, posa les mains sur ses cuisses, puis se racla la gorge à deux reprises.

— Tu sais, Yves, dit-il enfin d'une voix toute frêle, je t'aime beaucoup... Est-ce que tu m'aimes, toi ?

Je le regardai, éberlué. De mémoire de Beauchemin, c'était bien la première fois que notre salon entendait de semblables paroles.

Je pris quelques secondes avant de réagir, les yeux tout à coup secs et brûlants, la gorge contractée.

— Mais oui, bien sûr, je t'aime beaucoup, moi aussi, Michel... Beaucoup, beaucoup.

La pudeur m'empêcha de me lever et de le prendre dans mes bras, comme je sais maintenant qu'il l'aurait souhaité.

À Noël, il m'offrit en cadeau son canif tout éraflé, la plus précieuse de ses possessions. Je ne me rappelle plus le cadeau que je lui fis.

Quelques mois plus tard, je tombai amoureux. Mes visites à Joliette s'espacèrent, puis, pendant quelque temps, cessèrent tout à fait. Les années filaient, faciles ou cahoteuses, pleines de surprises tantôt douces tantôt amères. Michel finit par devenir un homme. Et puis j'étais père à mon tour. La même chose lui arriva. La vie rapprochait les uns, éloignait les autres.

Quand je me retire seul le soir dans le salon, après un bon repas, je pense parfois à mon frère Michel avec beaucoup de tendresse et un soupçon de regret.

6 avril

Ciel gris et maussade. Il pleut de temps à autre. Le Québec sort lentement de l'hiver, d'un hiver bizarre où on a manqué notre rendez-vous avec le froid, où la neige s'est réfugiée sur les cartes de Noël, comme si elle appartenait au monde des carrioles, des sapins couverts de bougies et des belles dames à crinoline.

À dix heures, je me suis retrouvé de nouveau rue Victoria à Longueuil dans l'appartement que j'ai loué pour écrire mon livre. Pendant que le café coule, je vais m'asseoir dans la salle à manger devant mon énorme machine à écrire. Malgré son âge, elle continue vaillamment de noircir les feuilles.

Et soudain, je prends conscience, avec une sorte d'étonnement joyeux, de la chance inouïe que j'ai eue de pouvoir prendre 12 mois de ma vie pour les consacrer, comme ça, tout simplement, à composer un roman. Douze mois à me perdre dans la fiction, comme un chien de ville qu'on lâche un beau matin dans la campagne! Et je pense — oh! en toute modestie! — au besogneux Berlioz, obligé de s'épuiser en articles pour le *Journal des débats,* car sa musique n'arrivait pas à le faire vivre, et qui reçoit un jour un cadeau de Paganini : 20 000 francs, 20 000 francs pour rester chez lui et composer en toute liberté pendant un an. Voilà comment Paganini, le sorcier du violon devenu millionnaire (et qui passait pour grippe-sou), avait choisi de témoigner son admiration à Berlioz après avoir entendu *Harold en Italie.* Paganini venait de faire un bon investissement pour l'humanité : son argent nous a donné la symphonie *Roméo et Juliette,* que j'ai entendue pour la première fois à l'âge de 17 ans et qui m'a fait comprendre ce qu'était l'amour avant même que je le connaisse.

Et me voilà avec la chance de Berlioz entre les mains. Un an à moi tout seul pour écrire. Comment ne pas me sentir indigne ? La vie distribue ses faveurs et ses coups un bandeau sur les yeux, imitant la justice.

Je revois Berlioz vieilli et fatigué, vers la fin de la cinquantaine. La symphonie *Roméo et Juliette* est bien loin ! Voilà longtemps qu'il s'est remis aux articles et qu'il se démène pour faire connaître sa musique, que Paris continue de ne pas vouloir prendre au sérieux. Une nuit, il se réveille en sursaut. C'est un thème musical qui l'a tiré du sommeil. Il entend la phrase très clairement, avec son orchestration, ses nuances. C'est le germe d'une symphonie. Pourquoi diable ne l'a-t-on pas laissé dormir ? Il doit se lever tôt le lendemain pour terminer un article en retard, puis courir le porter au journal. S'il se lève et prend la peine de noter l'idée musicale qui ne cesse de tourner dans sa tête, il est foutu. Il développera l'idée, en fera un mouvement de symphonie, puis ajoutera un deuxième et un troisième mouvement. Mais pendant ce temps, qui va écrire ses textes ?

Berlioz ne quitte pas son lit. Que le diable emporte la symphonie. Il est trop vieux maintenant pour jouer au romantique. Les factures d'abord.

La vie distribue ses faveurs un bandeau sur les yeux…

7 avril

Quelle gymnastique que de vivre avec une femme et des enfants! Gymnastique salutaire. Dix fois, cent fois par jour, il faut penser à des êtres plus jeunes que soi, à quelqu'un d'un autre sexe, qui traverse la vie à sa façon. Impossible de garder l'œil rivé sur son nombril, même si les tendances sont fortes. J'avais tout pour faire un délicieux célibataire, occupé à ses petits plaisirs ou lancé dans une grande cause qui lui aurait servi de raison de vivre. J'ai pris un autre chemin. Je dois composer chaque jour avec trois personnes qui pensent souvent à moi et à qui en retour je dois souvent penser. Exercice tonique mais essoufflant. Parfois les articulations craquent. Mais ça tient le bonhomme en forme… et même le romancier.

8 avril

Je viens de terminer le 27e (et dernier) tome des *Hommes de bonne volonté* de Jules Romains. J'avais commencé la lecture de ce gigantesque roman au cours de l'été 1973, me ménageant ici et là, bien sûr, des pauses que je consacrais à d'autres livres. Vers la fin du dernier tome, j'ai commencé à ralentir ma lecture, puis à l'interrompre de plus en plus souvent. Les cinquante dernières pages m'ont pris une semaine. C'est que j'avais le sentiment de quitter pour toujours des amis très chers. J'essayais de retarder le moment des adieux. Eh oui! ma belle Françoise, et vous, Jallez et Jerphanion, Bartlett et Haverkamp et tant d'autres, je ne vous reverrai sans doute plus jamais. Mais soyez sûrs que je vous porterai toujours amoureusement dans mon esprit.

Viviane et moi étions à Paris durant l'été 1972 quand Jules Romains mourut à l'âge de 87 ans avec la conscience, sans doute, d'être passé de mode depuis longtemps. La vieillesse fait souvent le vide autour de celui qui doit la porter. Mais les bons livres finissent tôt ou tard par se retrouver des amis. L'année suivante, je me lançais dans les *Hommes de bonne volonté*.

Après tant d'années de lecture, que penser de cet immense tableau de la France et de l'Europe, de cet hymne d'amour passionné à Paris, traversés par un déchirant appel à la fraternité humaine? Mon opinion a peu varié en cours de route. Ce qui me frappe par-dessus tout, c'est qu'un roman de 7622 pages contienne si peu de longueurs! Romains possédait un métier éblouissant. Une aisance d'écriture, une précision et une sûreté de phrase qui me donnent des coliques de jalousie. Et puis, un sens du rythme et de la construction sans lequel la traversée d'une œuvre aux proportions aussi… océanesques m'aurait été impossible. J'ai des réserves au sujet de celle-ci, bien sûr, mais positives, en quelque sorte: plutôt que l'incandescence du génie, c'est la puissance du talent que j'y admire, un talent méticuleusement cultivé pour atteindre à son épanouissement maximum.

Jules Romains accompagne le dernier tome de son roman d'un commentaire où il nous parle des six années de préparation qu'il a consacrées à son œuvre avant d'en écrire le premier mot. Puis, avec une simplicité et

une franchise qui figurent parmi ses traits les plus attachants, il compare sa fresque aux *Thibault* de Roger
Martin du Gard, à *La recherche du temps perdu* de
Proust, puis à la *Comédie humaine* de Balzac. Coup de
chapeau bien bas à Balzac : qui pourrait s'en dispenser ?
Mais Romains, après avoir affirmé hautement son admiration pour l'auteur du *Cousin Pons,* lui décoche
une petite flèche en diagonale en lui reprochant d'avoir
en quelque sorte improvisé son œuvre gigantesque. La
Comédie humaine manque d'unité, dit-il en substance.
Le plan de l'architecte est arrivé après le début des travaux et l'édifice, malgré des parties splendides, s'en res-
sent un peu.

Eh bien, sans le savoir, Jules Romains se décochait
une flèche à lui-même et fixait la limite exacte de ses
capacités d'écrivain. *Les hommes de bonne volonté* ont
été écrits avec trop de soin, justement. Ce qu'ils ont
d'un peu trop sage et d'appliqué nous fait regretter les
coulées de lave qui traversent l'œuvre de Balzac en la
portant à un degré d'incandescence qui se communi-
que à l'esprit du lecteur et lui donne l'impression de
devenir une sorte de demi-dieu. Bien sûr, les tunnels où
serpente la lave se dirigent un peu au hasard, le raccord
des cavernes n'est pas toujours heureux, mais le spectacle de ces coulées rougeoyantes et fumantes fait tout
oublier.

9 avril

Hier soir vers six heures, en sortant de mon appartement-bureau après une séance d'écriture, j'ai aperçu
dans le parc, de l'autre côté de la rue, deux adolescents
de quinze ou seize ans, buvant de la bière sous la pluie

fine qui tombait. Ils m'ont lancé un regard narquois lorsque je suis passé près d'eux, puis ont continué de causer à voix basse avec un air de connivence ravi.

Je ne sais trop pourquoi, ce minuscule incident m'a laissé songeur pendant tout mon trajet à pied jusqu'à la maison. J'étais ému par quelque chose de beau, de légèrement cocasse, de vaguement inquiétant. Je venais d'apercevoir pendant quelques secondes une scène d'apprentissage de la vie, avec tout le côté secret et farfelu qui caractérise l'arrivée à l'âge adulte. Boire de la bière sous la pluie à l'heure du souper, loin des parents, loin de l'école, en parlant de filles ou d'automobiles ou du dernier film de la fin de semaine, c'est une façon discrète de défier la société et de lui montrer qu'on peut se passer d'elle. Mon adolescence était devant moi, intacte, et je la savourais en oubliant toutes les souffrances qu'elle m'avait causées.

10 avril

C'était inéluctable. Surtout après la défaite du référendum et les désastreuses négociations de novembre 1981 à Ottawa. À vrai dire, on sentait approcher le moment depuis des années. Eh bien, le moment est arrivé : l'indépendance est passée de mode. On n'a qu'à lire les journaux ! Lysiane Gagnon, Lise Bissonnette, Jean Paré, et combien d'autres : lorsqu'ils parlent du Parti québécois et de son objectif, c'est d'un ton maintenant blasé, presque condescendant.

Tout a commencé bien avant le référendum. En fait, tout a commencé, me semble-t-il, le 15 novembre 1976. En passant de l'opposition au pouvoir, les indépendantistes voyaient s'éteindre l'auréole romantique qui avait toujours nimbé leurs têtes. On ne pouvait plus désormais se consacrer tout entier à promouvoir l'idée de la liberté : il fallait administrer un pays. Robin des Bois venait de gagner et prenait non pas la place du Prince — le Prince est toujours là — mais du shérif de Nottingham. Or, comment aimer d'amour passionné un shérif ? Comment s'éprendre d'un distributeur de contraventions ? d'un percepteur d'impôts ? Finies les chevauchées au clair de lune, les attaques-surprises de calèches cossues pour réveiller de gros bourgeois au milieu de leurs sacs d'écus et leur donner une petite leçon de justice distributive. Le cheval de Robin des Bois somnole maintenant à l'écurie, tandis que Robin lui-même, assis derrière un bureau, étudie des dossiers, le front barré d'un pli. Le pauvre ! le voilà à présent qui doit prendre des décisions administratives. Et quand il en prend, il lui arrive ce qui est arrivé à tous ses devanciers : parfois il se trompe.

Mais Robin des Bois n'a pas le droit de se tromper. Légende oblige.

Tout le monde s'accorde, je pense, pour dire que le premier mandat du gouvernement Lévesque aura été le meilleur des deux : on n'a qu'à se rappeler la loi 101, la loi de l'assurance automobile, celle du zonage agricole, de la réforme électorale, etc. Une orgie de bonnes lois, de lois indispensables, que personne jusqu'ici n'avait eu le courage de promulguer, et qui se sont mises à transformer le visage du Québec. Résultat ? La frustration des Québécois commença à diminuer. La douleur d'être québécois devint plus floue, moins perceptible, pas pour tous, mais pour beaucoup. Montréal prenait un visage français. Le saccage des terres agricoles s'arrêtait. Le Québec avait presque l'air d'un pays libre !

Allez donc convaincre des citoyens de libérer un pays qui a l'air presque libre!

Et puis il y eut les gaffes, les gaffes inévitables. Les coups de tête, les crises de nerfs, la fatigue du pouvoir. Les stratégies de fond de bureau, les spécialisteries, l'étapisme, la renardise. D'autant plus qu'on s'apercevait qu'il était difficile à diriger, ce demi-pays mal équipé d'instruments économiques et politiques, surveillé de toutes parts, infiltré par ses ennemis et à moitié dominé par les descendants du conquérant.

La fameuse nuit du 15 novembre disparaissait peu à peu derrière des montagnes de dossiers. On y pensait un peu le soir en se couchant, mais toute la journée avait été occupée à écouter les quémandeurs, donner des ordres, trancher des questions, tout en essayant de parer aux fourberies du Prince et de sa valetaille, têtes de faux évêques, trognes de charretiers, gueules de travers, faces bouffies et insolentes, visages tout en sourires où brûlent des yeux haineux, tous animés d'un enthousiasme féroce pour le saccage, tous fébriles et insomniaques tant que le Québec n'aura pas été abattu, dépecé, dévoré et roté.

En politique, les grandes causes, pour durer, doivent quitter leurs beaux vêtements, s'habiller de gros coton, courber la tête, passer par les petites portes, laver la vaisselle, jouer dans la graisse et finir par ressembler aux gens du pays, qui rêvent tous à Robin des Bois, mais ne sont pas faciles à convaincre lorsqu'il s'agit de monter son cheval.

Mais quand la grande cause est devenue gestion, tantôt bonne, tantôt moins bonne, les gens écarquillent les yeux et se demandent où diable elle est allée se cacher. Et les journalistes, dont la profession, dont la passion, est de sans cesse écarquiller les yeux à la recherche de choses neuves et piquantes, les journalistes qui ont tant de mal à lutter contre le blasement, sont les premiers à trouver la pièce longuette et qu'il faudrait peut-être un changement d'acteurs ou à tout le moins un écroulement de décors.

Comment expliquer autrement la lassitude qui semble s'être emparée d'une journaliste de la trempe de Lysiane Gagnon? J'admire cette femme depuis des années, la vivacité de son intelligence, son esprit mordant, l'aisance de sa langue, sa profonde sensibilité (je pense à l'émouvant article qu'elle a écrit il y a quelques mois sur les adieux politiques de Claude Charron, aux commentaires pathétiques et si justes qu'elle vient de tenir sur le péril nucléaire). Mais la fatigue… politique qui se met à suinter de ses textes lorsqu'elle parle du Québec de 1983 est presque désespérante. Exprime-t-elle le sentiment de tous les Québécois? Est-ce que notre instinct de mort est à ce point puissant que le seul avenir qui s'offre à nous, c'est une lente dissolution?

Quand je me sens trop morose, je pense à la théorie des vagues. Nous sommes au creux de la vague, bien au creux. De tous côtés, une eau glauque, menaçante, invincible. Mais c'est une eau qui nous porte et, pourvu que nous évitions de verser, elle continuera de nous faire avancer, centimètre par centimètre.

11 avril

Des dangers du pacifisme

Hier soir, pendant que je lui enfile son pyjama, Renaud me demande de lui chanter sa chanson favorite: *Malbrough s'en va-t-en guerre*. Dans la chambre voisine,

Alexis est en train de feuilleter un album. Je commence à chanter, mais je ne connais que les trois premiers couplets. Rendu à :

> *La Trinité se passe,*
> *Malbrough ne revient pas,*

je tombe dans le vide, un vide que je tente de combler chaque fois avec des rimettes de mon cru, qui varient un peu d'un jour à l'autre.

Hier soir donc, avec l'intention louable et vertueuse d'inspirer à mes enfants une sainte horreur de la guerre, je me mets à décrire l'ennui qui saisit madame Malbrough durant l'absence prolongée de son mari, puis l'impatience des enfants Malbrough de revoir leur père. Ensuite je montre l'arrivée d'un chevalier tout de noir vêtu devant le château. On abaisse le pont-levis et la châtelaine, morte d'appréhension, lui demande des nouvelles de son mari.

— Il a péri dans une bataille, madame, répond le chevalier, qui se met à décrire le trépas du pauvre général avec un luxe de détails cruels.

Alexis, qui s'est approché et m'écoute avec de grands yeux, les mains derrière le dos et appuyé au mur, éclate tout à coup en sanglots et se précipite contre moi. J'essaie de tourner la chose en plaisanterie. Rien n'y fait. Je dois mettre dix bonnes minutes à le consoler, puis une partie de la matinée a passé aujourd'hui à répondre à ses questions angoissées sur la mort de Malbrough, la guerre et les massacres.

La terre aura beau menacer de fendre en deux, les enfants ont droit à leur enfance.

12 avril

J'ai causé au téléphone ce matin avec Yves Lacroix, mon ancien camarade à la faculté de lettres. Notre amitié, qui remonte à plus de vingt ans, prend des proportions solennelles. Nous demeurons dans la même ville, dans la même rue, à quelques centaines de mètres l'un de l'autre. Et pourtant, depuis quelques années, nous nous voyons à peu près aussi souvent que deux astronautes dans des capsules séparées. De temps en temps, l'astronaute Lacroix s'élance dans le vide intersidéral pour aller serrer la main à son ami et causer avec lui quelques instants sous la lueur glacée des étoiles. Puis, quelques semaines plus tard, Beauchemin lui rend la politesse.

À l'approche de la quarantaine, la course contre la montre a commencé pour nous deux. Cela doit remonter à quatre ou cinq ans. Le moment était venu de prouver au monde que nous pouvions faire de grandes choses, en plus d'être titulaires de deux ou trois cartes de crédit. Une sorte de fébrilité professionnelle s'est emparée de nous, qui doit ressembler à celle qui saisit les saumons au printemps et leur fait remonter les rivières pour aller perpétuer l'espèce. Côté biologique, nous avions déjà accompli notre tâche (d'après les normes actuelles, en tout cas) : deux enfants chacun, les siens déjà adolescents, les miens tout jeunes encore. Si nous nous démenons aujourd'hui comme des queues-de-poêlon, c'est peut-être pour des raisons qui ont rapport avec le surmoi, le besoin de laisser quelque chose derrière soi à part une descendance, à moins que nous ne soyons tout simplement mus par une pulsion d'orgueil qui cherche à devenir socialement productive.

Je la sens bien loin de nous, notre vie d'étudiants universitaires, avec ses discussions interminables devant une tasse de café, sa fringale de lectures, de disques et de films et ses intrigues amoureuses qui se développaient dans la vacuité financière la plus totale. C'était une vie qui ne s'était pas encore trouvée, qui se cherchait dans un mouvement d'improvisation à la fois joyeux et angoissé, que je contemple aujourd'hui avec émotion. Il y a belle lurette que nos années d'études ont filé dans le néant, mais quelque chose en est resté: l'appréhension des examens. Elle est tout simplement devenue l'appréhension de *l'examen*, le seul et l'unique — celui qu'on se fait passer à soi-même à la fin de sa vie.

Lacroix a conservé plus que moi ses traits d'étudiant, sans doute parce qu'il travaille en milieu universitaire. Son appétit de cinéphile, ses penchants pour l'analyse passionnée, n'ont pas tellement diminué. Mais chaque année, le «constructeur», le «fabricant» prennent un peu plus de place en lui. Chez lui comme chez moi, les mots «œuvre», «carrière», «réalisation» apparaissent de plus en plus souvent dans la conversation. Nous en rions parfois. Pourvu que nous continuions d'en rire. Un nuage d'ennui mortel enveloppe celui qui se prend trop au sérieux.

14 avril

Nous nous sommes rencontrés, Viviane et moi, en 1970, durant la crise d'Octobre. Elle avait 19 ans, je touchais à la fin de la vingtaine. Elle entame maintenant sa trentaine, tandis que je me dirige vers mes 42 ans. Nous avons donc franchi ensemble les frontières de deux décennies. Frontières avant tout psychologiques. D'où leur importance.

Or, malgré quelques accrocs inévitables au cours de douze ans de vie commune, notre relation n'a pas vraiment changé, je crois. Je la vois toujours avec les mêmes yeux. Et pourtant, il y a eu la naissance de nos deux garçons, cette vieille maison de Longueuil qui conditionne un peu lourdement nos vies et les deux carrières que j'essaie tant bien que mal de mener de front, avec l'appui courageux de Viviane. Nous n'avons pas connu de problèmes de santé ou d'argent importants. Nos vrais ennemis : la fatigue nerveuse et la routine. L'arme pour les réduire à néant n'a pas encore été inventée.

Le défi de la vie de famille a été plus grand pour Viviane que pour moi. Depuis quelques années, elle a dû réduire son champ d'activité à une maison, une maison qui a longtemps ressemblé à un chantier.

Je connais des célibataires qui, en lisant ces paragraphes, fuiraient à toutes jambes, terrifiés par la banalité qui semble suinter de partout. Fuyez, fuyez, célibataires. Vous ne saurez vraiment jamais ce qui vous a fait peur.

C'est déjà un défi — presque un anachronisme — dans un monde où plus rien ne semble fait pour durer, à part la carrière de Trudeau, que de réussir à vivre ensemble durant 12 ans. Eh bien, je peux donc me décrire comme un dinosaure satisfait.

15 avril

Je pense avec beaucoup de plaisir au jour où j'ai fait la découverte de Balzac. Je dois cette chance à un homme à qui je n'ai pas dit trois mots.

Je venais de m'inscrire à la faculté de lettres de l'Université de Montréal, tout frais sorti du collège de Joliette. Je promenais sur ma nouvelle ville un regard ébahi et naïf, ne sachant trop quoi faire dans la vie et m'en fichant éperdument.

Un beau matin, je me présente à un cours sur Balzac. Le professeur portait l'habit de clergyman et faisait les cent pas dans le corridor en grillant nerveusement une cigarette pendant que la salle se remplissait. L'annuaire de la faculté m'avait appris qu'il s'agissait du père Ernest Gagnon, jésuite, et lorsque je m'étais informé à son sujet, on m'avait tenu des propos respectueux mais plutôt vagues. Il avait déjà plus de cinquante ans à l'époque. Je revois son regard timide et fuyant, son corps frêle, l'expression absorbée et un peu malheureuse qu'il avait souvent lorsqu'on le rencontrait dans un corridor.

Ce matin-là, j'attendais à ma place, feuilletant distraitement un exemplaire du *Père Goriot*, lorsqu'il monta d'un pas vif à la tribune. Je fus frappé par le changement qui venait de s'opérer dans son visage. On aurait dit que, pour lui, la vie venait de commencer. Sans préambule, il se mit à nous décrire le début du *Père Goriot*... Et la magie opéra aussitôt. Gagnon parlait d'une façon éblouissante et décousue, truffant ses phrases de parenthèses qui semblaient ne vouloir mener nulle part, jusqu'à ce qu'un effet d'accumulation — parfois involontaire? — ou un raccourci foudroyant de deux ou trois mots indélébiles, nous fasse déboucher tout à coup sur un paysage à couper le souffle, que le rusé professeur démolissait subitement d'un trait d'esprit.

Je me sentais comme Alice en train de dégringoler dans le terrier du lapin et le trou allait en s'élargissant, devenait immense et c'est Paris que j'apercevais au fond, un Paris grandiose, transfiguré par la force fulgurante de la littérature, que je visitais pour la première fois en décrivant de grandes spirales, et l'expérience enivrante que je vivais avait pour origine un homme timide et frêle debout devant moi et qui parlait d'une voix un peu terne.

J'ai oublié, bien sûr, le détail des propos qu'il nous tenait (et pourtant, sur le coup, nous avions l'impression de pouvoir réciter son cours par cœur en sortant de la salle). Il ne me reste plus que des impressions, quelques formules et des liasses de notes qui tentent désespérément de capturer l'insaisissable.

Dans les cours suivants, Gagnon abandonna le *Père Goriot* pour s'attaquer à la *Cousine Bette* (quand on connaît le personnage, l'expression prend deux sens). C'est ce roman qui m'a vraiment fait découvrir Balzac. Quelques années plus tôt, une première rencontre avec l'écrivain avait mal tourné. Je m'étais attelé au *Médecin de campagne* et, je ne sais trop pourquoi, le livre m'avait mortellement ennuyé. En le déposant, je m'étais bien promis que, avec les montagnes de bons livres qu'on trouve sur la terre, je ne perdrais pas mon temps à fréquenter un auteur aussi allergène. *La cousine Bette* arrangea prestement les choses, suivie du *Père Goriot*, du *Cousin Pons*, de la *Duchesse de Langeais* et d'une dizaine d'autres et la liste n'a pas fini de s'allonger; c'est d'ailleurs une liste en forme de cercle que je parcourrai tant que j'aurai des yeux.

Les livres de Balzac m'ont fait dès le début — le vrai début — une impression qui s'est toujours maintenue. Celle de ne pas me trouver devant une œuvre littéraire, mais devant la vie elle-même, devant la pulsion fondamentale de l'instinct de vivre (je sais, on a dit ces choses cent fois, mais je ne puis m'empêcher de les répéter). Balzac est une pythie vociférante traversée par son récit qui se projette vers nous comme par lui-même. Sa phrase ramassée, nerveuse, musclée, un peu raboteuse parfois, halète sous la pression des choses à dire. Elle est concise, efficace et entière comme la réalité elle-même. On sent très vite que la frontière était ténue chez lui entre la vie réelle et le monde imaginaire.

C'est Victor Hugo, un des témoins de ses derniers instants, qui nous montre un Balzac pathétique, en train de mourir d'hypertrophie du cœur, et qui répète à tous moments dans son délire :

— Amenez-moi Bianchon… Lui seul saura me guérir.

Bianchon était le médecin attitré des personnages cossus de la *Comédie humaine*.

J'aime penser que le père Gagnon, au moment de mourir, s'est adressé lui aussi à Bianchon, mais consciemment, dans un sursaut d'ironie qui lui a permis de dominer un instant sa mort.

16 avril

Le Syndicat des professionnels du gouvernement du Québec est en pleine négociation et les choses ne vont pas à son goût. Les dirigeants ont donc décidé d'exercer des mesures de pression. Une de celles-ci consiste à divulguer aux médias des documents confidentiels pour embêter le gouvernement Lévesque et le forcer à présenter de meilleures offres. C'est l'aveu candide et officiel qu'on a fait la semaine passée.

Il y a de ces nouvelles qui nous scient bras et jambes. Comment ne pas avoir le plus profond mépris pour un corporatisme aussi égoïste et obtus? De pareilles déclarations me font frissonner, car elles laissent deviner à quel niveau est tombée la moralité publique. Tu augmentes mon salaire ou je laisse filer ton secret d'État. Sacrés professionnels! Ils me font penser à ces enfants un peu spéciaux qui foutent le feu à la maison parce que maman n'a pas voulu leur donner un troisième suçon. Avec des gens de pareille farine, on n'a pas fini de moisir dans le statu quo politique! Les voyez-vous, ces professionnels à bedon se lancer dans l'aventure de l'indépendance? Tant qu'il ne touchera pas à leurs vacances en Floride, à leur Courvoisier et à leur chalet, Trudeau pourra continuer à dépecer le Québec en paix.

Je leur suggérerais, quant à moi, de faire intégrer dans leur convention la clause naufrage: «Nous autres d'abord, les femmes et les enfants s'il reste de la place.»

Après tout, il n'y a pas cinquante façons pour un gros bedon de faire son chemin dans la vie.

17 avril

Il m'arrive souvent le midi de quitter mon appartement-bureau pour aller prendre une bouchée à l'extérieur, histoire de laisser mon inconscient préparer tranquillement sa mouture pour l'après-midi.

Trois fois sur quatre, je me dirige vers la Place-Longueuil, un centre commercial où se trouvent les restaurants les plus rapprochés. À y aller ainsi presque chaque jour, j'ai fini par me faire une opinion un peu plus précise de ces curieux endroits publics. Je n'éprouvais jusqu'ici pour eux que peu d'attirance. Je n'en éprouve guère plus aujourd'hui, mais je sais un peu mieux pourquoi.

Un centre commercial — l'expression, dans sa fonctionnalité terre à terre et bureaucratique, possède un air de parenté sinistre avec les «camps de concentration» du père Adolf —, c'est une station orbitale publique flottant dans un vide géographique total (celle de Brossard est identique à celle de Joliette, elle-même identique à, etc.) avec une atmosphère pressurisée à base de signes de piastres. C'est peut-être là qu'éclate de la façon la plus attristante l'uniformisation de la vie dans la société industrielle. Il y règne une curieuse ambiance feutrée d'hôpital, qui vient peut-être de l'absence de circulation automobile, des planchers trop luisants ou du *muzak* douceâtre que susurrent les haut-parleurs. Et puis, je m'y perds toujours. Sauf exception, les centres commerciaux que je connais ne sont pas parvenus à créer un effet visuel d'ensemble. C'est la place publique-labyrinthe, où on est à la fois toujours au même endroit et nulle part.

Et pourtant, avec notre climat continental porté aux extrêmes, l'idée même d'une place couverte regroupant différents services communautaires ne manque pas d'ingéniosité. Mais voilà: c'est comme pour la tarte aux pommes. Tout est dans la façon. Les centres commerciaux ont contre eux la médiocrité générale de leur architecture et de leur organisation, qui distille une atmosphère de débilité semblable à celle des HLM, socialistes ou capitalistes.

Cela dit, je trouve parfois du plaisir à fréquenter la Place-Longueuil. J'aime voir ces vieux retraités qui bavardent sur un banc comme s'ils étaient dans leur cuisine. Et puis on y profite d'une sorte de paix, à condition de se retirer quelque peu dans son monde intérieur. Assis sur un banc de terrazzo avec une bonne tasse de café, je lis tranquillement mon journal, levant l'œil de temps à autre pour voir passer les retraités, les ménagères avec leurs enfants, les amoureux et les chômeurs, et je me laisse parfois glisser dans le plaisir un peu mollasse d'être un Américain de classe moyenne.

18 avril

À six heures ce matin, Alexis vient me trouver en larmes dans mon lit pour m'annoncer qu'un de ses poissons rouges flotte sur le côté. Je saute dans mes pantoufles et je vais voir. Le pauvre poisson remue faiblement la queue, une expression testamentaire dans les yeux.

— Pourquoi? Pourquoi? me demande Alexis en sanglotant.

Je ramasse péniblement mes idées (ma réflexion, trente secondes plus tôt, portant sur un tout autre sujet) et je lui réponds timidement:

— Peut-être parce qu'il est trop vieux?

— Et les autres? Est-ce qu'ils vont mourir aussi?

Les deux autres poissons semblent aussi indifférents à leur confrère agonisant que des visiteurs dans un salon funéraire en train d'échanger des nouvelles devant un cercueil.

Je tente une ultime mesure. Je vais remplir un seau d'eau fraîche et je jette le poisson dedans. Pendant quelques secondes, l'agonisant retrouve un semblant de santé, mais il a une curieuse façon de nager en tournoyant qui n'augure rien de bon. Et puis, peu à peu, il recommence à perdre tout intérêt pour les choses de ce monde. Alexis le contemple, navré. Une idée me traverse l'esprit. Je descends à la cuisine et remonte avec une salière. Peut-être que si on le remet dans ses conditions originelles, notre pauvre poisson pourra surmonter ses ennuis de santé? Je me suis rappelé qu'il y a plusieurs années j'avais sauvé ainsi un ange noir qui avait sauté en bas de son bocal et passé quinze minutes sur le plancher à considérer le plafond. Je sale naïvement mon poisson. Alexis tient à le saler lui aussi. Le poisson gigote, nos cœurs s'agitent, l'espoir renaît, mais, las! l'ombre de la mort revient planer au-dessus du seau de plastique jaune.

Renaud dans son lit se met à appeler Viviane à tue-tête, sa façon classique de nous apprendre qu'il est réveillé et qu'il a passé une bonne nuit. Alexis court à sa chambre et, la voix défaillante, lui annonce la catastrophe. Je me retrouve avec Renaud dans les bras devant le seau de plastique où le poisson continue discrètement de se préparer à son destin ultime.

— Qu'est-ce que je vais faire? Qu'est-ce que je vais faire? se lamente Alexis.

— Veux toucher, demande Renaud, imperturbable.

Séance de palpations vigoureuses pour stimuler le poisson. Alexis se joint à Renaud.

Je les arrête, un peu écœuré:

— Laissez-le mourir en paix, de grâce…

Alexis lève vers moi un regard angoissé qui me donne une petite secousse au cœur:

— Il guérira pas ?

Viviane vient à son tour contempler le triste spectacle.

— Il était trop vieux, dit-elle en caressant les cheveux d'Alexis. Je vais t'en acheter un autre aujourd'hui.

— Je veux un enfant-poisson, pour qu'il vive longtemps, répond mon fils en se remettant à pleurer.

Pendant que le poisson bâille tristement, le regard vitreux, sans doute hébété par le jaune phosphorescent du seau, nous allons déjeuner tous les quatre et Alexis oublie sa peine pour un moment.

Mais en revenant de l'école ce midi, il doit constater le décès. Viviane me téléphone au bureau pour m'annoncer que le pire du chagrin était à venir : il sanglote depuis dix minutes, affalé sur son lit.

Les cérémonies funèbres ont parfois le don de calmer le chagrin. Viviane déniche un petit écrin qui servira de cercueil. Il y aura enterrement cet après-midi dans la cour. Puis on se rendra à l'animalerie acheter un autre poisson rouge, impubère si possible. Et comme nous serons sur les lieux, pourquoi ne pas aller au McDonald's du coin ?

19 avril

Il n'y a rien de plus cruel que l'écriture et il n'y a rien qui me rende plus heureux. Je pense à certaines mises en train exténuantes, qui me laissent le cerveau comme une poignée de copeaux. Je pense aussi à des relectures de manuscrit, après une journée de travail, à la suite desquelles je laisse tomber les feuilles en murmurant :

— Pas possible… Quel est l'imbécile qui a écrit cela ?

Mais je me rappelle aussi quelques envolées dans le ciel de la fiction où je reste cloué durant des heures devant le tableau de bord de ma vieille Olivetti, le temps aboli, mon âme multipliée par trois, cinq, dix personnages, les difficultés de la langue jetées dédaigneusement par-dessus l'épaule, fonçant furieusement dans mon histoire comme pour y chercher mon souffle de vie, passant d'une chambre d'hôtel crasseuse à l'intérieur de la tête d'un chien pour me retrouver chauffeur de taxi filant rue Saint-Hubert (je vois les maisons défiler, je sens le pied engourdi du chauffeur dans son soulier un peu trop serré, c'est moi qui lance de joyeuses banalités à mon client silencieux) et puis je deviens tout à coup cet homme soucieux qui cherche à masquer ses émotions. Il descend de voiture, fait trente pas sur le trottoir, pousse une porte et grimpe un escalier où flotte une légère odeur de moisi et je deviens aussi ce vieil escalier rendu au bout de sa carrière.

Ah! cette impression sublime que tout doit se dérouler ainsi, que chaque instant du récit est irremplaçable et irrévocable comme le réel lui-même et que j'ai réussi, comme par hasard, à faire naître la note que mes oreilles attendaient depuis si longtemps.

Et quand vient finalement le moment de l'atterrissage, je quitte mes feuilles rempli d'une lassitude bienheureuse qui fait un peu penser à celle de l'amour.

Mais quel drôle de métier, tout de même ! Bizarre, mille fois bizarre! Fondamentalement inutile, cette autopsychanalyse pour diffusion publique qui, jour après jour, trouve son petit groupe de fervents consommateurs à la recherche de… quoi? Du fameux supplément de vie que la réalité n'arrive pas à leur donner? De l'oubli de leurs petites misères? Du plaisir pervers d'être malheureux dans la peau des autres (car la littérature ne reste pas longtemps à l'aise dans le bonheur)?

Métier pour masochiste qui aime se buter à la limite de ses possibilités comme l'écureuil aux barreaux de sa cage. Métier pour amateur de quadratures de cercle qui cherche à traduire avec de pauvres petits mots le phénomène de la vie. Beau métier, parce que métier d'hommes et de femmes libres, qui n'ont de compte à rendre qu'à eux-mêmes, et les dictateurs le savent bien dont le premier geste en prenant le pouvoir est d'essayer de les faire manger dans leur main comme des pigeons — ou de les emprisonner.

20 avril

Je me trouve à Québec, au Château Frontenac, invité à la Rencontre québécoise internationale des écrivains. Entre deux séances, je monte à ma chambre faire un appel. Pendant que la préposée aux renseignements me cherche un numéro, je m'amuse à examiner la petite cour dissymétrique, pleine de fantaisie, sur laquelle donne ma fenêtre. Je compte deux clochetons, une tourelle et une tour à angles, massive et solennelle. Chacun d'eux surmonté d'une flèche. Détail curieux : aucune flèche n'est semblable. Dans cette cour retirée, où jamais un client ne met le pied, l'architecte a pris la peine de donner à chaque flèche son allure propre et distincte, reflet de la construction qu'elle surmonte. Générosité de l'architecture ancienne.

Et je revois l'hôtel Plaza de New York, qui a subi un incendie majeur la semaine dernière et dont la photo a paru à la une des journaux. Le Plaza : un gros radiateur rectangulaire posé debout dans le sens de la longueur, que seule sa masse sauve du ridicule total. On a l'impression que cette grosse boîte où les diplomates vont manger du caviar n'est pas le fruit du travail d'un architecte mais de l'application un peu distraite d'une formule mathématique.

Est-ce que l'imagination est en train de devenir un anachronisme ? Quand je me sens trop morose, je pense au métro de Montréal qui a réussi à être moderne sans nous faire décrocher les mâchoires d'ennui.

Dans la nuit

Soirée pluvieuse. Je rentre à ma chambre vers une heure du matin après avoir été prendre un verre avec des invités de la rencontre. Je me couche en arrivant. Une heure plus tard, la faim me force à me lever. Impossible de manger à l'hôtel. Je me rhabille et je sors dans le Quartier latin. La pluie s'est transformée en bruine. J'arpente les rues luisantes en prenant de grandes inspirations d'air humide. La plupart des restaurants sont fermés. Il règne dans la ville à moitié assoupie, où presque tous les passants ont moins de trente ans, une atmosphère de fête mystérieuse qui me plongerait dans le spleen si les messages impérieux de mon estomac ne me retenaient pas dans des préoccupations plus terre à terre. Je découvre finalement une petite crêperie en pleine effervescence nocturne. J'entre, je me faufile parmi les clients, je déniche une table dans un coin, je place ma commande et j'ouvre le journal de la veille. Il y a longtemps que je ne me suis pas senti aussi seul. Impression mélangée de soulagement et de malaise, comme si mon âme — ai-je une âme ? se demandait l'alpiniste en chute libre —, habituée de sentir depuis longtemps la contrainte des choses et des gens, se retrouvait tout à coup dans une sorte de vide étourdissant. Je pense tout à coup à mes amis, dont je suis bien pourvu. J'en ai cinq : Jean D., Georges A., Luc P., Yves L. et Roger P. (qui demeure au diable vert), connus il y a longtemps au collège ou à l'université, devenus plus ou moins comme des frères, et que je néglige un peu comme on néglige un frère, en oubliant avec légèreté que la vie possède un pouvoir d'éloignement dont l'action sournoise ne s'arrête jamais. Et pourtant, je ne suis pas le premier à prendre conscience que l'amitié est une des inventions les plus réussies de la civilisation. De combien d'heures passées à rire, à discuter, à découvrir des choses, à aider et à recevoir de l'aide, je me serais privé si je n'avais pas eu d'amis ? Rire surtout : c'est tellement important. Les loufoqueries invraisemblables que nous avons commises ensemble se dressent derrière nous — j'espère qu'il s'en dresse aussi quelques-unes devant — comme des monuments mal foutus dont nous sommes très fiers.

Et je décide tout à coup, en m'attaquant à une soupe à l'oignon, de consacrer un peu moins de temps aux choses sérieuses et un peu plus aux choses importantes.

21 avril

Je viens d'écouter l'adagio de la *Quatrième* de Mahler. Quel plaisir et quel réconfort de me découvrir à 41 ans aussi sensible à cette musique, merveilleuse expression de l'extase amoureuse, que je l'étais en mai 58 quand je l'ai entendue pour la première fois, collégien naïf et cruellement vierge de 17 ans !

L'élan du cœur et celui de la sensualité, qui s'épaulent l'un l'autre pour accéder au bonheur total, voilà ce que raconte l'adagio de la *Quatrième*. Je crois qu'après avoir entendu cette musique une seule fois, et l'avoir comprise, on ne peut plus vraiment vieillir. Et la preuve ? C'est le vieux George Szell et son orchestre de Cleveland qui en a signé une des plus belles interprétations, comme c'est au vieux Charles Munch et à son orchestre de Boston qu'on doit la version la plus belle et la plus passionnée du *Roméo et Juliette* de Berlioz.

C'est peut-être qu'au fond de l'extase amoureuse il y a cette incurable mélancolie alimentée par la conscience du temps qui passe, plus fortement sentie par les vieillards chargés de souvenirs que par les hommes plus jeunes, qui flambent de passion comme des sapins, sans trop savoir ce qui leur arrive.

22 avril

Le printemps va peut-être démarrer aujourd'hui. Il fait encore froid, mais on dirait que le soleil cherche à diluer le gris boueux dans lequel nous baignons depuis des semaines parmi les bordées de neige fondante. A-t-on étudié les rapports profonds entre le temps qu'il fait et nos états d'âme ? Question d'une redoutable banalité, mais il y a peut-être au bout des réponses d'une importance vitale pour mieux comprendre le fonctionnement du cerveau humain, cet organe bizarre qui est en train de virer la planète sens dessus dessous et qui se prépare tranquillement à la faire sauter. Qui sait ? Il faisait peut-être moche le jour où Hitler a pris la décision d'éliminer les Juifs de la terre, ou peut-être au contraire faisait-il trop beau et que l'euphorie d'une petite promenade autour de la chancellerie sous un soleil triomphant a agi sur lui comme une drogue et donné le petit coup de pouce qui a fait basculer sa mégalomanie dans l'horreur ?

Quoi qu'il en soit, il serait intéressant d'utiliser les données de la psychologie moderne pour les appliquer à l'examen du comportement des chefs d'États et, en particulier, de ceux qui détiennent le pouvoir d'actionner le fameux petit bouton rouge, celui qui risque de transformer tous nos projets de vacances, migraines, travaux de rénovation et rendez-vous amoureux en un immense nuage radioactif qui enveloppera douillettement notre terre inhabitée pendant deux ou trois cent mille ans.

Par exemple: quelle dégradation la sénilité a-t-elle fait subir aux neurones de Ronald Reagan depuis son accession au pouvoir? Dans quelle mesure les pulsions sexuelles du nommé Youri Andropov colorent-elles son jugement politique lorsqu'il s'agit de stratégie? La consommation régulière de thé fort stimule-t-elle notablement le centre de l'agressivité chez Margaret Thatcher? Dans l'univers émotif de Pierre Elliott Trudeau, quelle est l'importance des liens qui associent le Québec à l'image d'un bureau d'assistance sociale?

22 avril

Le soir, en retournant chez moi après ma journée d'écriture, j'ai le choix de plusieurs trajets. Le plus simple est de suivre la rue Saint-Charles — l'artère commerçante du Vieux-Longueuil —, puis de tourner à droite sur ma rue. Mais la section de Saint-Charles que je longe est bordée d'édifices plutôt moches et je dois subir en plus la circulation de cinq heures. Alors, trois fois sur quatre, je quitte cette rue après quelques minutes de marche et j'emprunte le réseau des petites rues du Vieux-Longueuil en direction de ma maison.

Hier, en arrivant au coin de Saint-Sylvestre et Longueuil, une impression d'harmonie délicieuse m'a saisi tout à coup et je me suis arrêté, me demandant ce qui se passait.

La rue Longueuil s'allongeait devant moi avec, à ma gauche, sa rangée de vieilles maisons et, à droite, l'hôtel de ville victorien qui donne sur un petit parc où un soldat de bronze de la Première Guerre brandit son arme, essuyant les rafales ennemies depuis soixante ans. Au loin, j'apercevais la flèche de l'église Saint-Antoine, près du chemin Chambly. La flèche à ma droite et le clocheton du beffroi de l'hôtel de ville à ma gauche, perdus tous deux dans le ciel, semblaient se lancer des appels mystérieux, découpant et rythmant l'espace d'une façon ravissante, qui donnait à cette bonne vieille rue Longueuil un air de sagesse, de paix et de mansuétude et faisait oublier la banalité des édifices de la rue Saint-Charles que l'on apercevait de l'autre côté du parc.

Je me suis arrêté un long moment pour admirer ce joli coin qui va aller s'ajouter à ma petite anthologie de joies urbaines. Ce n'est pas à Proust que je dois ce plaisir des clochers, mais à Jules Romains, qui m'a appris qu'une ville, ça peut se déguster.

23 avril

On me demande souvent comment je vis mon succès. Je trouve le mot un peu fort. On ne peut réellement parler de succès qu'après une bonne demi-douzaine de livres dont la plupart auraient reçu un bon accueil du public et de la critique. Voilà quelque chose qui commence à ressembler à une carrière. Ce que je vis, en fait, c'est un début stimulant. Et personne ne s'y trompe, malgré les expressions emphatiques qu'on utilise parfois. Début stimulant, début menaçant. Plus on écrit, plus on s'engage.

Les gens se surprennent parfois quand je leur avoue me sentir très loin de mes deux romans. Je continue de leur porter de l'affection, bien sûr, mais c'est un peu comme s'il s'agissait d'un ami établi à Paris ou Los Angeles et que je verrais deux fois par année. Des souvenirs nous unissent, mais la vie quotidienne ne nous sert plus de ciment depuis longtemps.

Voilà une mèche que *L'enfirouapé* est devenu pour moi comme une sorte de corps étranger et *Le matou* s'apprête à faire de même. J'aurai peut-être bientôt en le parcourant — ce qui ne m'arrive à peu près jamais — la même réaction que pour mon premier roman: l'impression étrange et vaguement désagréable que le livre a été écrit par un autre, qui essayait de m'imiter.

C'est la très classique réaction de rejet, qui a été décrite par 12 012 écrivains et qui prouve que chez un être en bonne santé — je vais assez bien, merci — le présent cherche continuellement à remplacer le passé.

24 avril

J'ai parfois l'impression, quand je rencontre des lecteurs, de subir quelque chose qui ressemble à un début de mythification, comme si j'étais devenu aux yeux de certains une sorte d'hybride, croisement entre un homme et une machine à fabriquer des livres. On me parle parfois de mes manuscrits avec un air un tantinet solennel, comme s'il s'agissait d'une partition autographe de Mozart. Paraphrasant monseigneur de Laval, je serais porté à dire:

— Secouez pas trop les tuyaux, les gars, la suie va nous tomber dans les yeux.

Joseph B. Alcazar, dramaturge parisien spécialisé dans les histoires de familles (1838-1895), a connu une carrière triomphale jusqu'à la toute fin de sa vie. Il se faisait voler ses parapluies par des admiratrices, fut l'ami intime de Sarah Bernhardt et vécut assez longtemps pour voir l'édition critique de ses *Œuvres complètes* reliées en cuir de veau brésilien (36 vol.). En 1897, soit deux ans après sa mort, S. S. Joyal, un richissime collectionneur belge, fit l'acquisition de sa dernière brosse à dents pour la somme de 32 000 francs. Mais en 1932, le petit-fils de S. S. Joyal, Ferdinand, jeta la brosse à dents à la poubelle, croyant qu'elle avait servi à nettoyer les oreilles du chien de son grand-père. Il y a deux mois, je suis tombé par hasard sur le tome XXVI des œuvres complètes de Joseph B. Alcazar. Il servait de support à une cafetière-filtre, la chaleur avait fait pétasser le cuir de veau et les pages du livre étaient soudées ensemble par l'action combinée du sucre et du café chaud.

«C'est parfois dans les pires épreuves que le malheur s'abat sur nous», disait un personnage de Joseph B. Alcazar dans sa tragédie *Hortense ou Le matelas perdu,* que tout le monde connaît (je l'ai lue moi-même 17 fois). Qui sait? *L'enfirouapé* ou *Le matou* se retrouveront peut-être un jour dans les fondations d'une maison, essayant modestement d'enrichir le béton, tandis que les gens confondront mon nom avec celui de l'inventeur de la poudre à puces. L'alcazarisation est une maladie redoutable qui peut s'attaquer à n'importe quel écrivain, même décédé! Bien fol celui qui se croit immunisé.

Mythification égale souvent mystification. Mais c'est le public qui se mystifie lui-même, car les gens ont terriblement besoin d'avoir rencontré un grand homme au moins une fois dans leur vie. Pendant que Mozart grelotte dans son logis en composant sa *Symphonie concertante pour violon et alto* à la lueur d'une mauvaise bougie, W. K. Blakpoft discourt à deux coins de rue de là dans un élégant café de Vienne, expliquant avec nonchalance à son auditoire pâmé comment il a construit la partie fuguée de sa deux centième sonate pour violon et piano, qui causerait aujourd'hui un infarctus à un bœuf. Je prétends qu'il faut y aller mollo avant de se prendre pour quelqu'un d'intéressant, car trois fois sur quatre nous n'arrivons pas à la cheville de notre propre jambe. Il vaut mieux vendre les manuscrits de ses œuvres de son vivant que de les léguer à ses héritiers, car ces derniers risquent d'en être réduits à les utiliser comme papier d'allumage.

J'errais dans les corridors de la polyvalente de Pointe-aux-Trembles la semaine passée, cherchant mon ami Georges Aubin qui m'avait demandé de lui apporter du papier d'Arménie (nous n'écrivons que sur cela, lui et moi) lorsque je fus abordé par un élève qui me demanda en rougissant la faveur d'un autographe.

— Avec plaisir, répondis-je avec un sourire tropical.

Et je griffonnai mon auguste signature dans le carnet qu'il m'avait tendu. Il contempla le carnet un instant et je vis son trouble augmenter.

— Quelque chose qui ne va pas?

— Euh… ça va, ça va, bafouilla-t-il. C'est que je croyais que vous vous appeliez Réjean Ducharme.

— Non, pas pour l'instant. Mais c'est un de mes projets. Venez me voir dans un mois.

25 avril

Je m'aperçois en avançant dans la rédaction de ce *Journal intime* que je me suis engagé dans une entreprise redoutable. Je prends bien conscience qu'en faisant cette remarque je viens peut-être de briser l'illusion chez certains auditeurs qu'il s'agissait d'un véritable journal intime dont j'aurais choisi des tranches pour radiodiffusion. Désolé. Je n'écris pas de journal pour mon usage personnel. Je l'ai fait jusqu'à l'âge de 17 ou 18 ans, puis j'ai cessé, parce que la vie était devenue trop captivante pour que je prenne le temps de la transcrire chaque soir dans un cahier. Il s'agissait donc, lorsque j'ai commencé la rédaction de ces cinq demi-heures, d'un projet extérieur à moi-même, d'un caractère un peu arbitraire et qui m'apparaissait comme une sorte de jeu de société évolué.

Mais, comme la plupart des écrivains qui ont participé à cette série, je me suis rapidement pris au jeu et maintenant je le trouve un peu… compromettant. Comment parler de soi durant deux heures et demie sans devenir vulnérable? On a beau circonscrire la portée de chaque confidence, le mot «journal» attire l'adjectif «intime» d'une façon irrésistible, et peu à peu, sans trop le vouloir, on dresse devant la galerie son portrait en pied avec qualités et défauts, les qualités étant destinées, bien sûr, à la plus large publicité, et certains défauts aussi, mais pas tous, pas tous…

On se trahit d'ailleurs surtout par le ton. Après avoir écrit un certain nombre de pages, je me suis aperçu que je m'étais laissé aller à des mots, à des inflexions de pensée dont je ne me sers que dans mes discussions avec moi-même. Les confidences inviolables que je me faisais dans le secret de mon âme n'étaient plus protégées tout à coup par des murs absolument étanches. L'écriture, cette affamée de matière, fouine partout, grappillant les moindres miettes, reniflant dans les coins les plus reculés, se glissant dans des conduits pleins d'ombre où jamais personne — pas même moi, bien souvent — n'a mis l'œil, et revenant de temps à autre avec une petite proie. Voilà pourquoi le métier d'écrivain est parfois si hasardeux. La plume possède son propre mouvement, qui se nourrit de nos forces et de nos pulsions, s'en servant pour ses fins propres qui ne coïncident pas toujours avec notre volonté, du moins la plus superficielle.

Quand il s'agit de fiction, le contact de l'auteur et du lecteur est moins rude et direct, même s'il est souvent aussi profond. Les personnages servent d'intermédiaires, des intermédiaires qui ne sont pas apparus par hasard dans l'esprit du romancier, je veux bien, mais qui, étant souvent le fruit d'un mélange — la personnalité de l'écrivain avec le monde extérieur —, possèdent leur autonomie propre et ne révèlent que peu de chose sur leur créateur.

En écrivant ce texte-ci, où j'essaie de lutter contre une force d'attraction qui cherche à m'amener dans des endroits où je n'aimerais pas aller quand je suis seul, je continue de me trahir, de laisser deviner mes peurs, mes méfiances, mes phobies. Je ne sais plus trop quel écrivain disait que la voie royale de la littérature passe par l'inconscient. Ceux qui parviennent à l'éviter (ou qui n'arrivent pas à l'emprunter) tournent autour du pot et ennuient leurs lecteurs, car on se lasse autant d'un homme qui ne parle jamais de lui-même que de celui qui en parle tout le temps.

Comment discourir sur soi pendant cinq demi-heures sans se mettre à nu ? Il n'y a qu'une sortie de secours : le bavardage. Il faut avoir, je pense, le courage de ne pas s'y précipiter en se rappelant avec modestie que tous les hommes et toutes les femmes partagent les mêmes joies et les mêmes misères. C'est ce qui explique peut-être qu'on puisse intéresser parfois quelqu'un par ses livres.

26 avril

Il me faut tout mon courage pour me lancer dans un nouveau livre. L'impression de se jeter dans une rivière glacée. On a beau avoir effectué auparavant des tas d'études hydrographiques pour connaître son cours, sa profondeur, la nature du terrain où elle coule, il n'en reste pas moins qu'un plongeon est un plongeon. D'abord la peur de couler à pic. Mais, au bout de quelques pages, cela se dissipe. Puis celle de s'épuiser avant d'arriver à l'embouchure. Y a-t-il rien de plus désolant qu'une demi-rivière, un rapide qui finit en pied de nez, une belle courbe qui se termine sur un écriteau: ABANDON DES AFFAIRES?

Je n'ai jamais abandonné de roman. Pardon, oui, une fois, mon premier, écrit à l'approche de la vingtaine pendant mes années de collège. Je l'ai remisé dans un tiroir en septembre 1965, au plus dur d'un chagrin d'amour. L'abandon de mon projet n'avait rien à voir avec ma vie sentimentale. Je m'étais aperçu que ma vie décalait par rapport à l'histoire, que mes personnages possédaient plus d'expérience que moi et que je m'étais nommé capitaine sans avoir jamais mis le pied sur un bateau. Je conserve le manuscrit, que je n'ai pas relu depuis dix-huit ans et qui doit être passablement influencé par *Enfance* de Tolstoï, un livre qui m'avait marqué à l'époque.

Ce fut, jusqu'ici, ma seule fausse couche. Mais je dois admettre que mes grossesses sont plutôt espacées…

— Est-ce que la publication de votre prochain roman ne vous donne pas un peu le trac? me demande-t-on parfois avec une trace de malice dans la voix.

Ce qui revient à dire:

— Nous avons été très gentils avec vous jusqu'ici. Ne craignez-vous pas de décevoir les attentes que vous avez suscitées? Il y a des gens qui rêvent du jour où un de vos livres vous tombera sur la tête.

Le trac, le trac... ma foi, j'ai moins le trac qu'on pense. Et pour une raison bien simple: la partie est quasiment jouée d'avance. Beauchemin n'écrira jamais que du Beauchemin, pour le meilleur ou pour le pire. Quant à l'accueil qu'on fera à mon prochain livre, je n'ai aucun moyen de l'influencer. Aussi bien m'inquiéter pour le prochain lever de soleil.

Je vois les choses d'un œil fataliste, j'en tire une sorte de sérénité. Presque tous les facteurs de l'équation sont déjà en place. Si j'ai un mauvais roman dans le ventre, il sortira mauvais, le travail ou la volonté n'y feront rien. Cela diminue singulièrement l'angoisse.

Et puis, comme beaucoup d'écrivains, je possède la bienheureuse faculté, lorsque je m'assois devant ma machine à écrire, de tout oublier et de me retrouver dans la plus parfaite solitude. C'est ce qu'on appelle, je crois, la liberté.

27 avril

Nous comptions ce matin au déjeuner, Viviane et moi, les sommes investies dans la rénovation de notre maison: changement du circuit électrique, ponçage des planchers, décapage des boiseries, installation de nouvelles fenêtres, réfection des murs et des plafonds, de la toiture et de la galerie, et j'en oublie. Plus les travaux en marche : creusage et isolation de la cave, construction d'une salle de jeu, aménagement de la cour. En oubliant les travaux à venir (dont la liste, tout de même, s'est passablement raccourcie) et en additionnant toutes les sommes investies au prix d'achat de la maison, nous aboutissons à un montant tel qu'il nous aurait permis d'acheter une résidence d'un tout autre calibre, et neuve.

Constatation qui appartient un peu au monde de l'abstraction cependant, car elle suppose chez nous la connaissance de l'avenir au moment de l'achat, plus un joli capital. N'importe. Les chiffres sont là.

Eh bien, je les contemple et je ne regrette rien. Je me sens lié à ma vieille maison. C'est une affaire entre deux êtres et non entre un homme et un assemblage d'objets inanimés. Presque une histoire d'amour, avec les joies, les tourments et le stress que l'amour apporte avec lui. Comme si, de tout temps, j'avais été destiné à ma maison pour la prendre en main, lui donner du sang neuf et l'aider à franchir encore un bout de siècle.

Évidemment, je suis en pleine magie. Mais c'est peut-être la magie qui aide les civilisations à durer.

28 avril

Matin merveilleux, à nous faire courir sur les toits. Alors là, il n'y a pas à s'y tromper. Après dix-huit jours de pluie successifs, c'est enfin le printemps! Chaleur et soleil en surabondance, insouciance extasiée des gens dans la rue, limpidité de l'air, impression — fausse, bien sûr, mais merveilleusement agréable — que nos vies viennent de s'allonger, comme si le bonheur rendait le temps élastique.

Mais la vie adore les contrastes. Je monte dans un taxi. Le chauffeur: un grand homme vers la fin de la quarantaine, bedonnant, moustachu, au visage impassible, l'image même de l'anonymat. La conversation commence par des banalités. Premier sujet: le temps qu'il fait. Impossible d'y échapper. J'émets modestement l'hypothèse qu'après tant de journées maussades la population a dû connaître un accès de dépression collectif et que le nombre des suicides a sûrement augmenté.

— C'est plus que sûr, qu'il me répond. Moi-même j'y ai songé.

Je lui jette un coup d'œil à la dérobée. Il ne sourit pas, fixant la rue d'un œil un peu distrait, comme s'il venait d'émettre une de ces innombrables phrases passe-partout que les gens habitués au public utilisent pour meubler le silence. Mais, à un mouvement de tête, je crois deviner que mon chauffeur est beaucoup plus ému qu'il n'y paraît et ne demande qu'à être questionné.

— Ah oui? Vous y avez songé? Ça n'allait pas?

— Non, ça n'allait pas du tout, qu'il me répond sans la moindre emphase, avec une simplicité étonnante.

Après avoir travaillé vingt ans dans une conserverie, il a été mis à pied l'an dernier: l'entreprise connaissait des difficultés. Il a décidé alors de faire du taxi, mais ses revenus ne sont plus qu'une fraction de ce qu'ils étaient. Or, quelques années plus tôt, il avait contracté un emprunt de 8000 $. La perte de son emploi et la hausse des taux d'intérêt avaient transformé son emprunt en un boulet monstrueux qui lui arrachait la jambe.

— Alors, j'ai déclaré faillite il y a un mois, dit-il. Au diable les dettes! J'ai le droit de vivre, moi aussi. Et puis, tant qu'à donner un coup de balai, aussi bien faire toute la maison. J'ai quitté ma femme il y a deux semaines. Ça faisait sept ans qu'on ne couchait plus ensemble et qu'on s'engueulait au lieu de se parler. Je restais pour les enfants, vous comprenez, mais c'est mon garçon de quatorze ans qui est venu me trouver un soir dans le salon et qui m'a dit: «Va-t'en donc, papa. Tu seras mieux tout seul. Nous autres, on se débrouillera...» De toute façon, ma femme fait plus d'argent que moi avec sa boutique de vêtements. Elle me narguait depuis des années en me disant que j'étais trop guenille pour oser sacrer le camp. Alors j'ai fait mes valises, et salut! Elle me regardait ramasser mes affaires avec un petit sourire. Maintenant, je vis dans un deux-pièces et je suis bien. Je ne regrette qu'une chose: ne pas lui avoir mis mon poing dans la face avant de la quitter. Mais je suis un doux, soupira-t-il. Les doux n'arrivent pas à faire ces choses-là.

Je l'écoute, ému. Il me parle comme si j'étais un vieil ami, devant qui on ne plastronne plus depuis longtemps. Ce que je peux lui offrir? Mon attention, la sympathie éphémère d'un étranger de passage. Malgré que je le sente presque désespéré — assez malheureux, en tout cas, pour avoir brisé le mur transparent des conventions sociales et m'avoir offert sa vie comme un espresso, car les minutes courent, son récit doit se placer dans une quarantaine de coins de rue — je ne ressens pas de pitié pour lui, mais une sorte d'affection fraternelle. Dans sa voix, j'entends un fourmillement de voix qui racontent le récit multiforme de l'aventure humaine, magnifique et pitoyable. Et j'entends aussi le son de ma propre voix.

*   *   *

Cet après-midi, dans le métro, j'ai commencé la lecture d'*À la recherche du temps perdu* de Proust. Je sais que ce sera une date mémorable dans ma vie. Il y a de ces œuvres dont on sait qu'on ne peut se priver sans rater quelque chose d'essentiel. Celle de Proust en fait partie : j'en étais sûr au bout de trois pages et je ne crois pas être très influencé par les commentaires entendus depuis des années.

C'est dans cet état d'esprit que j'avais traversé *Guerre et paix* de Tolstoï durant l'été 1981. J'avais comme le sentiment que ma vie serait un peu gâchée si je ne la mêlais pas avant de mourir aux destinées du prince André, de Natacha Rostov et du bon Pierre Bezoukhov. Et j'avais raison.

Ces œuvres se dressent comme des pylônes dans le paysage de la littérature mondiale et semblent avoir la capacité de recevoir des ondes d'une région supérieure, à laquelle presque personne ne peut accéder. Elles aident leurs lecteurs, non pas à comprendre la vie — cette dernière m'apparaît, dans son essence même, comme incompréhensible —, mais à en obtenir une perception plus complète.

Les huit tomes de Proust, édités dans la collection du Livre de poche, faisaient partie de ma bibliothèque depuis... 1966 ! Je les avais achetés à un ami qui venait de choisir une édition plus luxueuse. J'avais donc *À la recherche du temps perdu* depuis dix-sept ans sous les yeux et je n'osais toujours pas l'aborder. Pourquoi ? Ce n'est pas tant sa longueur qui m'effrayait (j'ai toujours eu un faible pour les romans-baleines), mais je savais qu'en ouvrant le tome premier, je partais pour une très longue expédition, dans un territoire rempli de merveilles mais semé d'embûches imprévisibles, une de ces expéditions dont on est sûr de revenir changé. Attrait de l'inconnu. Peur du changement. Les deux poussées se sont tenues en équilibre en moi pendant dix-sept ans (du reste, d'autres œuvres et d'autres occupations me sollicitaient pendant ce temps), mais aujourd'hui quelque chose s'est rompu et me voilà rempli de la fébrilité joyeuse et un peu inquiète de l'amateur d'aventures qui vient de céder encore une fois à ses pulsions.

29 avril

Il m'est arrivé avant-hier soir une curieuse aventure. J'étais à la bibliothèque de Montréal-Nord, invité pour une rencontre avec des lecteurs. Vers la fin de la période des questions, alors que je me disposais à fermer le robinet biographique, deux femmes arrivent dans la salle, un peu essoufflées. Je remercie les auditeurs de leur sympathique attention (formule inventée à Lyon le 22 mars 1772 par Hubert-Octavien d'Arquebusac, colporteur d'almanachs) et je commence à distribuer quelques autographes d'un air distingué ; les deux femmes s'approchent de moi en souriant.

— Vous nous connaissez, me disent-elles.

— Ah oui ?

J'examine leur visage et, en effet, quelque chose de familier et de très lointain s'agite au fond de ma mémoire, cherchant à remonter.

— Nous allons vous aider, fait la plus grande des deux avec un sourire taquin.

Elle glisse la main dans la poche de son manteau et en sort une photo :

— Est-ce que vous reconnaissez ces enfants ?

Je me penche vers la photo et me voici tout à coup reporté trente années en arrière.

Quatre petits garçons de sept ou huit ans, vêtus de parkas, sont assis dans la forêt autour d'un feu allumé dans la neige. À voir le sourire qu'ils adressent au photographe, on comprend que cette excursion — et surtout le feu allumé dans la neige — constitue pour eux un événement majeur, la plus belle journée de leur hiver. Je reconnais soudain Gilles Simard, un de mes compagnons de jeux à Clova, que je n'ai pas revu depuis presque trente ans. Puis je reconnais un deuxième enfant, et un troisième.

Je relève la tête :

— Mais qui êtes-vous ?

Et, en posant ma question, la réponse m'éclate aux yeux : je me trouve devant Huguette et Denise, les grandes sœurs de mon ami Marcel, chez qui nous avions pris un dernier souper le 19 août 1954 avant de quitter notre village pour toujours.

Les derniers auditeurs s'en vont. Je salue la responsable de la bibliothèque et nous quittons les lieux tous les trois. Nous marchons sur le trottoir en causant, mais c'est dans nos souvenirs que nous avançons, complètement coupés des bruits de la rue. Et je constate encore une fois avec étonnement la profondeur des liens qui unissent tous ceux qui ont vécu à l'époque dans ce coin perdu d'Abitibi. Cette complicité ne s'explique pas seulement par la nostalgie de l'enfance, car ceux qui étaient adultes à l'époque y participent autant que les plus jeunes. Il s'agit plutôt de la nostalgie des lacs et de la forêt, de la paix et de la liberté, et surtout des derniers vestiges de la vie d'aventure, que tant de nos ancêtres avaient connue, et que la société industrielle acheva d'effacer autour des années 1960.

Nous reparlons de Gilles Simard, le petit garçon de sept ans que je revois souriant d'un air espiègle et timide devant le feu de branchages qui creuse lentement la neige. Il est maintenant marié, père de deux enfants. Le visage de Denise s'assombrit :

— Ça ne va pas très bien pour lui par les temps qui courent.

Et elle me raconte la série de malheurs personnels et familiaux qui s'est abattue sur lui en quelques années. Je revois la photo. L'image de Gilles se heurte contre les nouvelles qu'on me donne de lui et cela produit un raccourci cruel, qui me serre le cœur. J'ai devant les yeux un garçon de sept ans, naïf et sans défense, le seul Gilles Simard que j'aie jamais connu (dans mon esprit il a toujours le même âge). Et, en même temps, je vois son destin devant lui, un destin déjà accompli, qui s'est emparé de l'enfant pour en faire un adulte de trente-cinq ans, amer et désabusé, et j'ai l'impression d'un petit chien qu'on mène à la fourrière. Je sais, le récit de ses malheurs ressemble à une avalanche, alors qu'il a bu sa vie goutte à goutte comme tout le monde, mais je suis certain que le petit garçon de sept ans vit toujours en lui quelque part et se demande parfois à quoi diable peut bien servir cette chienne de vie. En fait, à quoi ?

Mon père m'a transmis un trait de caractère redoutable : le perfectionnisme. J'appartiens à une minorité plus ou moins anachronique, un peu malheureuse dans cette société de *fast food* et de bungalows construits pour 20 ans, qui continue de trouver que le travail bien fait est une récompense en soi et que, lorsqu'on veut qu'une chose dure, il ne faut pas lésiner sur le temps qu'on met à la fabriquer.

Mais cette qualité — qui est aussi un travers — me rend la vie dure… et la rend dure aussi à mon entourage. Décaper une boiserie devient une entreprise chirurgicale. Acheter un grille-pain vire en étude technique. C'est à cause du perfectionnisme que les romans que je publierai ne représenteront qu'une infime part de mes projets de romans. Les perfectionnistes ont sans doute un taux d'adrénaline plus élevé que la moyenne des gens. Ils sont portés à être grincheux. Les nerfs tendus, travaillés par mille petites frustrations, ils refont chaque jour la constatation navrante, et jamais intégrée, que le monde réel ne se confond pas avec le monde idéal. À la fois ambitieux et lent, précautionneux et affamé de vie, je me révolte parfois contre ces tiraillements perpétuels ; j'aimerais alors posséder une âme jetable, comme ces sacs d'aspirateur. Et surtout je songe avec tristesse que je suis passager dans un autobus qui ne fera le circuit *qu'une fois* avant de me laisser à ce Terminus où les voyageurs se transforment tout à coup en air pur.

1er mai

En un mois, Renaud a fait de tels progrès de langage qu'il parle maintenant presque aussi bien qu'Alexis.

— Pourquoi sautes-tu comme ça? lui ai-je demandé l'autre soir en arrivant dans sa chambre pour le mettre en pyjama.

— Pour te faire plaisir.

Deux ans et demi. Et déjà le sens des jolies phrases, un tantinet fallacieuses, et qui cherchent... à faire plaisir.

9 mai

Je ne suis pas près d'oublier la conversation que j'ai eue il y a dix jours avec cet ingénieur tchécoslovaque, spécialiste en ultrasons, que j'avais fait venir chez moi pour un problème de fondations. Lui qui était plutôt un habitué de barrages et de gratte-ciel, il était quand même venu gentiment jeter un coup d'œil dans ma cave. En le reconduisant à la porte, je lui avais parlé de mon admiration pour un de ses compatriotes, le compositeur Bohuslav Martinū, mort en 1959, que peu de personnes connaissent.

— Vous savez, avais-je ajouté, j'ai beaucoup de disques de Martinū chez moi. Croyez-moi, un jour il sera aussi admiré que Bartok, Ravel ou Prokofiev.

Il était arrivé pressé, chargé de rendez-vous, ne pouvant me consacrer que cinq minutes. Nous sommes restés un bon quart d'heure sur la galerie à parler de Martinū et de son pays. Je venais de lui causer un plaisir rare. Son visage ému avait pris une expression un peu enfantine. Il s'était mis à m'ouvrir des chambres intérieures où lui-même n'entrait peut-être pas souvent. J'étais content de l'avoir mis dans cet état de légère euphorie, qui lui permettait de faire une sorte de retour mental à des choses et à des êtres qui lui étaient chers. C'était ma façon, par compatriote interposé, d'essayer de remercier Martinů pour toutes les joies que sa musique m'avait données depuis la première audition que j'avais faite d'une de ses œuvres en novembre 1970.

Cette année-là, j'étais responsable d'un embryon de discothèque à Radio-Québec. Un matin, je mets par hasard la main sur un disque Artia consacré à un obscurissime compositeur de je ne sais trop quel pays de l'Est. Je dois peut-être aux couleurs vives de la pochette d'avoir remarqué ce disque parmi des centaines d'autres, puis de l'avoir posé sur le plateau de mon phonographe. J'entendis d'abord le troisième concerto pour piano, puis, sur la face opposée, le deuxième concerto pour violon. En replaçant le disque dans sa pochette, j'avais acquis la certitude d'avoir découvert une étoile de première grandeur, une sorte de Haydn du XXe siècle, doué de la même imagination inépuisable, porté par une joie de vivre teintée de tragique qui apportait avec elle des masses d'air pur que je respirais à pleins poumons jusqu'à m'en étourdir. Quel soulagement que cette musique! Quelle confiance elle redonnait aux pouvoirs de l'imagination et de la spontanéité!

Après toutes ces œuvres modernistes, froides comme des colonnes de chiffres, qu'elles soient «concrètes», «aléatoires», «expérimentales», «minimales» (!) ou «répétitives» (!!), il faisait bon d'oublier un peu les descendants de l'école de Vienne (parfois si rachitiques) et leur «style international». Voilà plus de trente ans qu'on essaye de les imposer au public, en utilisant parfois la tactique du terrorisme intellectuel.

Bien sûr, la musique contemporaine est un monde et on ne peut mettre tous les musiciens dans le même panier. Il y a sans doute des créateurs importants perdus dans la troupe des compositeurs à formules; et peut-être ma myopie m'empêche-t-elle de distinguer les uns des autres: on pourrait faire aujourd'hui un recueil humoristique avec les commentaires qu'ont fait naître en leur temps la plupart des grands compositeurs. Mais n'importe: je persiste à croire que la plus grande partie de cette musique «nouvelle» est vieille comme la bêtise et que, si les faiseurs de musique creuse réussissent parfois à éclipser tous leurs collègues, leur tapage finira tôt ou tard dans les poubelles de l'oubli.

*　*　*

Je me mis aussitôt à la recherche d'autres disques de Martinů. Je tombai bientôt sur la *Quatrième symphonie*, puis sur la suite de ballet *Spalicek*, le concertino pour piano, le concerto pour hautbois, celui pour deux pianos et enfin sur les quatuors à cordes. J'étais devenu un enragé de Martinů et je le suis resté, même en devenant plus critique. Longtemps après que les Pierre Henry et autres distillateurs d'ennui total auront été ensevelis sous la poussière, les gens écouteront avec émotion et gratitude la musique de Bohuslav Martinů, ce grand Tchèque timide et distrait qui produisait des notes comme un terrain vague produit des pissenlits et à qui le destin avait donné le pouvoir de faire apparaître le bonheur sur du papier réglé.

10 mai

J'arrête ce journal aujourd'hui, dans quelques minutes. J'en suis à mes derniers instantanés. Instantanés de moi-même, mon esprit comme deux miroirs se reflétant l'un l'autre et mes yeux plongeant dans ce tunnel étrange qui semble mener dans un monde inconnu.

Curieux métier que celui d'écrivain, que je n'arriverai jamais à comprendre tout à fait. La société, cette machine à fabriquer des rôles, m'en a donné un, merveilleux mais redoutable. Je sens mes vêtements trop grands qui flottent sur mon corps. Mon masque cherche à glisser. J'avance sur la scène, devant la salle silencieuse, en attente. On ne m'a pas donné de texte à réciter. On m'a seulement dit que la pièce doit continuer.

Journal 1985

12 février 1985

Ce matin, je mets de côté pour quelques semaines la rédaction de mon roman et m'aventure pour la deuxième fois sur les pentes glacées de ce charmant casse-gueule appelé *Journal intime,* intime et radiophonique, discret comme une sonnerie de trompette. Même si j'en suis à ma deuxième expérience, ma suspicion n'est pas tombée. Les deux écueils de ce redoutable jeu de société demeurent toujours : la pose… et l'insignifiance. Mettre par écrit ses pensées et ses émotions secrètes, en sachant qu'un comédien lira bientôt tout cela sur les ondes, comporte quelque chose d'un peu faux et artificiel (mais orchestrer une mélodie, diviser un livre en chapitres, donner une poignée de main à quelqu'un qu'on a vu la veille, c'est tout aussi artificiel). À redouter plus que tout : l'autoglorification en sourdine, le maquillage des états d'âme et le discours pour la postérité (car mon message ne se rendra peut-être même pas jusqu'à mes contemporains).

L'autre écueil est tout aussi traître. Pour s'éventrer dessus, il suffit de prendre le mot « intime » au pied de la lettre et de s'imaginer que le fait de participer à une série où des écrivains expriment leurs pensées et leurs émotions sous forme de journal sous-entend que l'on est une personne prodigieusement intéressante, menant une vie unique dont les moindres détails méritent d'être décrits avec une minutie d'entomologiste. Cela me rappelle Guy de Maupassant qui, à la fin de sa vie, croyait pisser des diamants. Mais c'était un syphilitique en phase terminale.

Ainsi donc, j'exorcise la pose et l'insignifiance, en espérant le faire sans trop de pose ni trop sottement. Je promets donc, en ce début de journal, d'obéir à la franchise la plus absolue — selon les circonstances. Je promets aussi de ne pas vider mon cœur à tous moments. J'éviterai ainsi les propos qui risquent de n'intéresser personne et ceux qu'il ne m'intéresse pas de livrer à quiconque. J'ai pensé un moment tricher sur les dates et faire commencer ce journal au début de l'été dernier, alors que je l'entame réellement ce matin. Cela présentait l'avantage de me fournir beaucoup de matière. Mais je me suis ravisé et je n'en ferai rien, par goût de la vérité, même si je risque de m'en mordre les doigts. Ce que je vais plutôt livrer, c'est une série d'instantanés pris au milieu de cet hiver éprouvant de l'année 1985.

*   *   *

Depuis quatre mois, la politique s'est remise à m'obséder. Comme dans les pires années des gouvernements Bertrand et Bourassa, le sort du Québec me torture de nouveau. Eh oui! je souffre du mal du pays... en plein pays!

Je ne mets pas pour autant le régime Lévesque dans le même panier que les deux autres. Ne confondons pas les oranges — même jaunâtres — avec les navets. Le régime Bertrand — pour parler de lui — fut d'abord et avant tout un non-régime, l'expression la plus achevée du vide crânien poussé à son point absolu. Et si celui de Bourassa s'est montré bien meilleur, c'est que l'autre était nul. D'ailleurs — je suis enclin moi-même à l'oublier — ses neuf années loin du pouvoir nous portent à magnifier le petit Robert. S'il remet jamais les pieds dans le bunker de Québec, cela risque de nous rafraîchir cruellement la mémoire. Je doute fort que ses années dans l'opposition lui aient fait pousser une colonne vertébrale. Non, Robert reste Robert. Voilà son problème.

Une preuve de cela ? Dans le numéro du 20 décembre dernier de l'hebdomadaire grec *Drassis*, l'ex-premier ministre présentait ses vœux de circonstance à la communauté hellénique. Et en quelle langue ? Allons donc ! pour l'occasion, le courageux père de la loi 22 susurrait ses souhaits en anglais. Détail, je veux bien. Mais un détail qui montre que l'homme souffre toujours du même aplaventrisme viscéral et d'une gélatinite de la pensée qui l'empêchera toujours d'agir en véritable chef d'État.

Quant au gouvernement Lévesque, après un premier mandat majestueux qui a fait vivre au Québec les plus belles heures de son histoire, il essaie de survivre tant bien que mal au référendum de 1980, au désastre constitutionnel de 1981, à la récession, à la fatigue, à l'usure, à la malchance, et tout cela avec une marge de manœuvre terriblement étroite, où l'a enfermé la stratégie craintive et bureaucratique qu'il suit depuis 1976.

La lettre de René Lévesque aux militants le 19 novembre dernier, suivie de ce fameux congrès de janvier où le projet de l'indépendance a été épousseté, astiqué, verni et placé en grande pompe au Musée national des choses révolues, marque pour moi la fin d'une époque, commencée dans l'espoir et la joie et qui se termine dans le désenchantement.

L'histoire jugera peut-être la stratégie de Lévesque comme la plus intelligente et la seule possible dans les circonstances. La marche du Québec vers sa libération passerait-elle par des replis momentanés, comme celui que nous connaissons aujourd'hui? Si c'est le cas, des réserves comme celles que j'exprime aujourd'hui feront peut-être un jour sourire. Je ne demande pas mieux.

Mais cet après-midi, lorsque je promène mon regard autour de moi, ce n'est pas la liberté que je vois s'avancer lentement à l'horizon avec son panache de lueurs rouges et orange. Non, je ne vois rien que de la grisaille, du dégoût et de la confusion, une sloche d'intérêts égoïstes et de velléités plus ou moins généreuses qui tourne lentement sur elle-même, sans but, dans une atmosphère d'angoisse tempérée d'indifférence. Aujourd'hui, en ce lourd après-midi du 12 février 1985, où la neige fond lentement, un peu à contrecœur, comme si elle savait qu'il s'agit bien d'une fonte inutile, car le froid n'est allé que se reposer à deux pas pour revenir plus coupant que jamais, le seul avenir que je vois à mon pays, c'est une place pas trop inconfortable dans un ensemble politique désuet mais de plus en plus dissolvant et dangereux, sans grandeur lui aussi, condamné à une douce insignifiance par son voisinage avec les tout-puissants États-Unis. En attendant que l'histoire nous ménage des temps plus favorables, s'il n'est pas trop tard.

Comme celle de nos ancêtres, notre seule réponse à cette histoire continue jusqu'ici d'être non pas la fière affirmation de notre goût de la liberté, mais la persistance à durer humblement, par la ruse et la patience, dans une suite interminable d'avancées et de reculs où je veux bien essayer de croire que notre marche vers la normalité se fait à petits pas.

13 février

Je viens de faire une visite des plus étranges avec mon collègue Bruno Roy. Cette année, nous faisons tous deux partie du conseil d'administration de l'Union des écrivains québécois. À la dernière réunion, jeudi dernier, un vieux projet a refait surface : celui d'une Maison des écrivains, où pourrait loger la permanence de l'Union, qui est à loyer depuis ses débuts et se trouve petitement dans ses locaux actuels. On s'est remis à rêver tous ensemble d'un édifice bien à nous, où l'on pourrait aménager des salles de réunion, une bibliothèque et — pourquoi pas ? — une salle de spectacles et une petite hôtellerie pour les écrivains de passage, d'ici ou d'ailleurs.

Rêver ne coûte pas cher et former un comité non plus. Nous sommes donc passés aux actes et un comité de relogement fut créé, que Bruno et moi-même constituons de nos deux illustres personnes, pour notre gloire présente et posthume.

Notre première mission fut d'examiner un projet que la Société du patrimoine urbain de Montréal venait de présenter à l'Union. La SPUM a fait un travail de sauvegarde et de restauration admirable dans le quartier Parc-Milton. C'est grâce à elle si ce dernier n'est pas passé au complet dans la gueule de crocodile du projet Cité Concordia. L'organisme tente actuellement de protéger et de recycler à ses frais l'ancienne école Strathearn, un grand bâtiment de brique de 40 000 pieds carrés au coin des rues Jeanne-Mance et Léo-Pariseau. L'édifice est désaffecté depuis quelques années et se dégrade lentement, les vandales ajoutant aimablement à l'action du temps, de l'eau et du froid. La SPUM est un puissant regroupement de coopératives d'habitation qui a fait effectuer des travaux de restauration pour plus de 31 millions de dollars dans le quartier. Ses dirigeants viennent de mettre sur pied le projet d'une Maison de la littérature qui utiliserait l'immense école Strathearn pour loger différents organismes à vocation littéraire — dont l'Union, si elle le veut bien.

Comme nous n'avions jamais vu l'édifice, Bruno et moi sommes allés y jeter un coup d'œil cet après-midi.

Il faisait un temps gris, un peu humide. En sortant de l'auto, nous avons vu se dresser dans le ciel les énormes tours du complexe Loews-La Cité. Il y en a de plus laides. La rue Jeanne-Mance était déserte, un peu triste. Côté est, elle aligne toute une série de maisons à façades de pierre grise, d'inspiration victorienne, mais, curieusement, la profusion des ornements, des corniches ouvragées, des avancées et des retraits de toutes sortes n'arrivait pas à dissiper une sorte d'atmosphère semi-industrielle, l'impression de se trouver dans un endroit en mutation qui allait en se déshumanisant, en se refroidissant de plus en plus. Cette impression était augmentée par la vue de la rue Léo-Pariseau qui donne directement sur le petit échangeur Bleury-Avenue du Parc. La SPUM voulait stopper le refroidissement et sauver l'école. Tout en causant, nous nous sommes mis à l'examiner, de l'autre côté de la rue.

Il s'agit d'un grand bâtiment rectangulaire de quatre étages, tout en fenêtres, aux murs de brique ornés de sections de pierre sculptée, comme le voulait la mode d'il y a cinquante ans.

Nous traversons la rue et commençons à longer l'édifice. La cour de l'école, probablement rognée par le percement assez récent de la rue Pariseau, avait été complètement dévorée à l'arrière par la construction d'un édifice en hauteur. Il reste tout juste assez d'espace pour les escaliers de secours. Après être restés le nez en l'air un long moment à contempler les murs, nous nous sommes regardés, perplexes.

— On aurait dû amener quelqu'un pour nous ouvrir la porte, murmura Bruno.

Nous ressemblions à deux souris en train de tourner autour d'un morceau de fromage enfermé dans une boîte de fer-blanc.

Sans trop savoir ce qui me poussait, je commençai à grimper l'escalier de secours. Mon compagnon emboîta le pas. Au premier palier, nous constatons que la porte et la fenêtre adjacente avaient été solidement barricadées. Nous poursuivons notre montée jusqu'en haut. Dans l'édifice voisin, qui dominait nos têtes de sa masse géante, des employés de bureau nous jetaient des regards étonnés par les rangées de fenêtres, petits poissons dans leur aquarium.

— Eh bien, il ne reste plus qu'à descendre, maintenant, conclut Bruno Roy après s'être penché un moment au-dessus du garde-fou.

Je m'avance machinalement vers une porte barricadée et appuie la main dessus. Elle s'ouvre toute grande. Un segment de broche tordu et rouillé nous montre que quelqu'un s'est forcé un passage.

Il est trois heures de l'après-midi. Nous pouvons profiter de la lumière du jour pour une heure encore.

Nous entrons. Une humidité glaciale nous enveloppe aussitôt, comme si l'hiver s'était concentré dans l'édifice ou que le temps s'y trouvait comme arrêté, bloqué à la dernière vague de froid qui s'est abattue sur la ville il y a deux semaines.

Nous avançons dans un vaste corridor plein de pénombre, large d'une vingtaine de pieds, haut d'une quinzaine. Des sections de plâtre ont quitté le plafond ici et là et se sont écrasées sur le plancher en s'éparpillant. Par les portes de classes entrouvertes, on aperçoit des planchers de bois franc que des infiltrations d'eau tournées en glace ont décloués et fait onduler avec une symétrie étonnante.

— Le froid a dû faire éclater toute la tuyauterie, remarque Bruno d'un air profondément plombier.

Un grand panneau vitré luit faiblement au bout du corridor. Il ferme la cage d'un escalier. En nous approchant, nous remarquons que le verre armé a été fracassé et percé en plusieurs endroits. Je me tourne vers mon compagnon :

— On descend ?

Les débris de verre rendent les marches glissantes. L'endroit a quelque chose de sinistre. Quelques seringues d'héroïne éparpillées sur le plancher lui conviendraient tout naturellement, ou le cadavre grisâtre d'un adolescent ligoté dans un placard, un œil à demi fermé, l'autre ouvert.

Les divisions d'un étage à l'autre semblent symétriques. Malgré son délabrement, l'édifice donne une impression de solidité massive. L'aménagement intérieur est austère, dépouillé à l'extrême, mais on n'a pas lésiné sur le volume ! Nous avançons dans une orgie d'espace. L'école Strathearn témoigne avec éloquence d'une époque où les matériaux et la main-d'œuvre ne coûtaient rien et où le pays fabriquait les enfants sans compter.

Nous descendons ainsi jusqu'au rez-de-chaussée, grelottant de plus en plus, tout à fait enchantés l'un et l'autre de pouvoir compter sur la présence d'un compagnon.

Dans ce qui fut sans doute la salle des professeurs, quelqu'un a dépecé des fauteuils. Des centaines de manuels éventrés forment une sorte de tapis moisi. Dans un coin, on a essayé d'allumer un incendie à l'aide de chiffons huileux et de barreaux de chaises brisés, sans doute pour aider Montréal à se refaire un visage neuf, mais l'opération n'a pas réussi, le feu ayant à peine grignoté un bout de plancher.

Nous nous promenons parmi les portes de placards arrachées, les tablettes déclouées, le plâtras et les suintements. La probabilité d'arriver face à face avec le fameux cadavre semble augmenter tout à coup d'une façon menaçante et nous fait jeter de plus en plus souvent des coups d'œil par les fenêtres crasseuses, où l'extérieur commence à prendre pour nous un charme indicible. D'un commun accord, nous décidons que notre visite a largement duré et que des obligations impérieuses nous appellent ailleurs.

Bruno suggère de sortir en passant par l'extrémité nord du bâtiment, que nous n'avons pas visitée. Avec la lumière décroissante, le bruit de nos pas se fait de plus en plus lugubre. Je songe qu'il faut être bien riche et gaspilleur pour laisser se dégrader un pareil bâtiment. Des pays moins fortunés en auraient fait un parlement !

Soudain, une porte particulièrement bien défoncée attire nos regards. Nous pénétrons dans la classe. Manifestement, le dernier cours de l'année a dû être un cours de français. Sur les deux tableaux noirs — crevés à coups de barres de fer (elles gisent sur le plancher) — quelqu'un a écrit en grosses lettres :

S'IL VOUS PLAÎT, NE PAS EFFACER.

Et dessous :

BONNES VACANCES, BON ÉTÉ 80.

Le temps s'est figé à l'école Strathearn. Nous contemplons en silence ces inscriptions banales d'où émerge quelque chose de poignant. Je me prends à rêver à cette dernière journée de classe de juin 80 et je vois, assis derrière leurs pupitres — des pupitres depuis longtemps démolis et brûlés —, un groupe de garçons et de filles excités et ricaneurs qui frottent d'impatience leurs pieds sur le plancher en attendant que le professeur les laisse s'engouffrer dans ces deux mois et demi de vacances scintillantes. Des vacances englouties à tout jamais dans le néant et dont il ne survit que quelques signes fragiles tracés à la craie sur ces deux tableaux condamnés au dépotoir. Que sont-ils devenus, tous ces étudiants ? Hier, l'un d'entre eux a peut-être passé devant l'école et levé les yeux vers les fenêtres de cette classe où une partie de sa jeunesse est restée enfermée. Et une vague de nostalgie semblable à celle qui m'habite si étrangement s'est peut-être levée en lui.

J'étais immobile devant ces pauvres mots qui se fondaient doucement dans la pénombre et encore une fois, à moi comme à tant d'autres depuis la naissance de l'humanité, apparaissaient dans leur banalité sinistre l'irréversibilité du temps et la destruction ultime de toutes choses. Et je crus entendre ce déclic discret qui s'était produit au moment où je sortais tout poisseux et braillant du ventre de ma mère et qui avait mis en branle une chose impensable, sournoise et sans visage, qui se rapprochait de moi à chaque seconde, et dont je ne pouvais savoir, malgré toutes mes questions angoissées, à quelle distance je me trouvais : ma mort, promise à moi dès mon premier souffle, inéluctable et inflexible, et que j'essaie puérilement de contourner en écrivant ces livres où je mets tout ce que je peux de mes forces et de ma vie.

*   *   *

En arrivant à la sortie, Bruno me montra quelque chose sur le plancher, immobile sur un petit amoncellement de neige. Un pigeon à demi séché, aux pattes raidies, les yeux grands ouverts tournés vers la fenêtre. Il était sans doute entré par un trou et l'école abandonnée était devenue sa prison, puis son tombeau. Combien de temps avait-il voleté dans les corridors, enveloppé par la faible rumeur de la rue ?

Une fois dehors, je saluai mon compagnon et je me dirigeai à grandes enjambées chez le disquaire Archambault, rue Sainte-Catherine ; une fringale de musique classique venait de s'emparer de moi et j'étais content de m'y abandonner.

15 février

Je me suis enfin décidé, moi si casanier : je retourne à Paris le mois prochain pour une dizaine de jours. Je laisserai de nouveau mon roman pour répondre à l'invitation de l'association Dialogue entre les cultures, qui organise des rencontres d'écrivains durant le prochain

Salon du livre de Paris. Voilà trois ans que je n'ai pas mis les pieds là-bas. Hier soir, Viviane a eu l'idée de montrer aux enfants les diapositives de notre premier voyage à Paris en 1971. Les jardins du Luxembourg, le Panthéon, la place de la Concorde et notre petit hôtel de la rue Casimir-Delavigne sont apparus dans l'obscurité de la salle de jeux sur la surface ondulée d'un drap de finette et j'ai senti mon amour profond pour cette ville se réveiller soudain et me donner comme un coup à l'estomac. Je ne comprenais plus mes réticences à partir.

Comme j'ai hâte de marcher de nouveau dans tes rues, mon vieux Paris, de te sentir par tout mon corps, de me perdre dans ton vacarme et ta fumée, tes vues superbes, tes coins délicieux et biscornus! Et comme je me fiche, après tant d'autres, d'accumuler clichés sur clichés en chantant tes louanges! Je t'aime et mon amour s'est transmis à plus jeune que moi…

Alexis, qui vient de tomber dans un culte délirant pour Napoléon, nous a tracé tout un programme pour notre mois de vacances en terre de France l'été prochain: l'hôtel des Invalides, l'Arc de triomphe, le Louvre, Malmaison, Fontainebleau, avec de petits crochets dans la Révolution française et les magasins de jouets. Il nous amènerait en Corse et jusque sur l'île Sainte-Hélène, s'il le pouvait.

Je l'observais durant la projection. L'œil agrandi, le visage grave, il buvait et mangeait Paris, posant une question toutes les dix secondes. J'assistais au miracle de l'enfance, cette sorte de centrale thermique dont nous tirons notre énergie pour tout le reste de la vie.

16 février

Quand Alexis atteignit l'âge de trois ans (il en a maintenant huit), je commençai à lui raconter une série d'histoires de mon invention : *Les aventures du Renard bleu*, et très vite ce dernier prit une importance énorme dans la vie de mon fils et son apparition à l'heure du coucher devint un rite inviolable.

Le Renard bleu vivait dans les forêts d'Entrelacs, un petit village près de Rawdon, où nous avions loué un chalet pendant trois ans. Son étrange couleur venait d'une intoxication bénigne, mais aux effets permanents, causée par une surconsommation de bleuets, qui avait d'ailleurs affecté toute sa famille. Je veux parler de Clémence, sa sœur, plus jeune que lui de deux ans, et de ses parents, appelés un peu platement monsieur et madame Renard Bleu (que les féministes me roulent dans la boue !). À la famille Renard bleu s'adjoignaient Gustave l'ours, goinfre, obèse et naïf, mais serviable comme deux cents scouts, le Canard athlète, qui pouvait transporter une enclume sur son dos et même un piano à queue petit modèle, Bébé Fantôme et ses parents, fantômes également, le Bon Aigle, un peu taciturne sur le sommet de son pic, mais fidèle et tolérant, le docteur Culotte-Verte, sommité médicale parisienne, que les fréquentes maladies de nos amis appelaient souvent au Québec, et finalement la sorcière Rakatok, personnage peu recommandable au début, mais qu'un traitement à l'élixir de lune avait rendue aussi irréversiblement bonne que la bonne Sainte Vierge elle-même, et dont le balai supersonique, malgré sa navrante banalité, me facilita souvent les choses.

Le Renard bleu parlait français, ainsi que tous ses compagnons, et s'étonnait toujours lorsqu'on s'émerveillait de ce don.

Mais, dès le début, il arriva une histoire un peu embêtante : Alexis se mit à croire réellement à l'existence du Renard bleu. Et avec tant de cœur que je n'osais pas le détromper. Cela dura jusqu'à l'âge de six ans. Pâmé d'amour pour lui, il demandait à le voir à tout moment. Problème délicat. Je me souviens d'un après-midi d'été à Entrelacs où il se promena avec moi pendant plus d'une heure dans la forêt, appelant d'une voix déchirante ce satané Renard bleu qui s'obstinait à rester caché dans les buissons, tandis que je le suivais en silence, partagé entre le désir d'arrêter son supplice en lui disant la vérité et celui de protéger ses rêves d'enfant.

L'explication que j'avais trouvée aux absences continuelles du Renard bleu était simple, si elle n'était pas géniale. Ce charmant animal souffrait d'une timidité maladive. Il adorait Alexis, mais n'arrivait pas à trouver assez de courage pour se présenter devant lui, du moins quand ce dernier était éveillé. Par contre, aussitôt qu'il s'endormait, le Renard bleu venait se glisser dans son lit pour y passer la nuit et ne le quittait qu'à l'aube, avant son réveil. Ses allées et venues étaient facilitées par le fait qu'il possédait les clefs de la maison. Heureusement, je n'eus jamais à régler dans le détail ses problèmes de transport entre Longueuil et Entrelacs. Le père du Renard bleu — monsieur Renard bleu — possédait une auto munie des dispositifs et ajustements nécessaires pour qu'un renard puisse la conduire — et cela semblait suffire. Lorsque Alexis voulait que son ami vienne coucher avec lui — car il ne venait pas nécessairement chaque soir —, on n'avait qu'à l'avertir par un signal lumineux. Dans la cuisine, près de la porte de la cave, j'avais laissé un vieux commutateur de cuivre en forme de demi-sphère, fixé au milieu d'une boiserie, et qui ne servait plus à rien. En actionnant le commutateur, on allumait une ampoule rouge au bout de la cheminée et la lueur se rendait — Dieu sait comment — jusqu'à Entrelacs où elle avertissait le Renard bleu que mon fils souhaitait sa présence. Quant à Clémence, elle n'est jamais venue coucher avec lui, car il ne le lui a jamais demandé.

Le Renard bleu est mort dans la tête d'Alexis quand ce dernier a commencé l'école. Mais ça ne s'est pas fait tout de suite, ni sans douleur. Au début, par une sorte de pudeur, il ne parlait à personne de son ami. Puis, un beau jour, il osa en glisser un mot à deux ou trois compagnons de jeux. Il y en eut pour le croire. La nouvelle se répandit. Nicolas Lefebvre et Stéphanie Allard commencèrent à se moquer gentiment de lui et Alexis se réfugia aussitôt dans le silence. Mais il avait été mordu par le doute.

Alors, pendant trois jours, il se mit à me torturer de questions sur l'existence réelle ou pas du fameux renard. Je résistais avec héroïsme. Mais à la fin, je dus me rendre à l'évidence : la cause du Renard bleu était perdue ; la vérité devait éclater dans toute sa tristesse : le Renard bleu n'existait pas. Bien pire : il n'avait jamais existé. Chose surprenante, après un moment de cafard, Alexis s'accommoda plutôt bien de cette révélation. Elle le soulageait, en quelque sorte. Il tourna la page avec la même facilité qu'on abandonne une paire de souliers devenus trop petits.

Il y eut une interruption d'environ un an dans l'existence du Renard bleu. Mais quand Renaud atteignit à son tour l'âge de trois ans, le Renard bleu reprit du service, plus frétillant que jamais. Hélas, un ennemi mortel l'attendait, tapi dans l'ombre : Alexis. Avec une malice cruelle, l'aîné se dépêcha d'apprendre au cadet la mauvaise nouvelle : le Renard bleu n'existait que dans la tête de papa. Renaud résista une semaine ou deux en trépignant et en pleurant à chaque essai de démystification que tentait son frère, puis s'accommoda tout à coup lui aussi de la vérité avec une insouciante facilité. Je ne fus pas pour autant dispensé de lui raconter les aventures de son ami parti en fumée. D'ailleurs, chaque soir, il m'en fournissait des canevas détaillés sur lesquels je devais broder avec abondance, de façon à repousser le plus loin possible l'heure du coucher.

À raison d'un épisode chaque soir pendant près de cinq ans, et même en décomptant mes absences de la maison et mes indispositions de conteur, j'ai bien dû me sortir du crâne plus de 1500 histoires du Renard bleu, ce qui ne me placerait pas loin de Simenon, du moins pour la quantité. Viviane essayait parfois de me convaincre d'en mettre quelques-unes par écrit :

— Alexis et Renaud les aiment. Les autres enfants en feraient autant.

Je m'y refusais. Écrire pour les enfants m'est toujours apparu comme une tâche redoutable. Pour un livre drôle, intelligent et original, qui s'adresse aux enfants comme à des égaux, il y en a 300 remplis de nianias et de fadeurs à couper les bras.

Et puis, il y a un mois, Viviane est tombée sur une annonce dans la section Arts et lettres de *La Presse* : on y parlait d'un nouvel album de bandes dessinées intitulé *Le Renard bleu, un épisode des aventures du docteur Poche*, par Wasterlain, édité chez Dupuis.

Le nombre des couleurs étant forcément restreint et celui des espèces animales n'étant pas infini, il était fatal qu'un renard rencontre un jour la couleur bleue pour se l'approprier. J'aurais l'air drôle maintenant de publier mes histoires!

Et voilà comment le Renard bleu est mort une troisième et dernière fois.

18 février

En sortant des éditions Stanké, où j'étais allé vérifier des épreuves, j'entre ce matin dans un petit restaurant grec qui occupe le sous-sol de l'édifice voisin. Un jeune serveur est en train d'astiquer la caisse enregistreuse, l'œil dans le vague, une mèche au milieu du front. Je m'approche et prends place sur un tabouret:

— Est-ce que l'heure des déjeuners est passée?

Trois paires d'yeux se tournent vers moi derrière le comptoir et me dévisagent d'un air narquois, l'espace d'une seconde. Un grand homme mince en chemise et pantalon blancs s'avance vers moi:

— Qu'est-ce que vous voulez manger, monsieur? fait-il en roulant les consonnes comme s'il suçait une pastille.

Je commande, je m'installe au comptoir et j'ouvre un journal pendant que mes œufs grésillent. Je suis le seul client de la place. Une tasse de café atterrit près de ma main gauche, avec sa cuillère et son petit berlingot de crème. J'en prends aussitôt une gorgée pour essayer de secouer un restant de lourdeur que m'a laissé ma nuit trop courte.

Ce sont les romans de Dashiell Hammett et de Raymond Chandler qui ont réussi à me faire aimer ce café de casse-croûte imbuvable que je savoure à cause de l'atmosphère qui m'entoure et des épisodes palpitants qu'il ravive en moi. C'est le café que boivent en silence Marlowe et Sam Spade, le visage un peu fripé par le whisky de la veille, mais l'œil vif et le poing vite fermé, essayant de détortiller une crapulerie parmi les grosses plaisanteries des chauffeurs de taxis, des pègriots et des beautés de trottoir.

Le cuisinier dépose devant moi mes œufs, mon bacon recroquevillé, ma tranche de tomate cartonneuse et mes rôties imbibées de beurre fondu, puis va rejoindre ses deux compagnons derrière le comptoir. Il s'agit d'un homme et d'une femme. Elle : une grassette de quarante ans, l'air apathique, avec de grosses lunettes rondes, penchée au-dessus de l'évier dans un brassement sourd d'eau savonneuse et de vaisselle. Lui : un homme trapu au teint olivâtre, la taille épaisse, le poil noir, les cheveux plats, en train de fumer nerveusement une cigarette, le coude appuyé sur le comptoir. Une discussion à voix basse s'engage aussitôt entre eux, à demi couverte par le bruit de la radio. J'observe distraitement par la fenêtre la circulation de la rue Guy tout en avalant mon déjeuner, lorsque soudain quelque chose dans les chuchotements de mes compagnons m'indique que la conversation vient de tomber sur moi. La tête immobile, le faciès flegmatique, avec l'exemple de Marlowe et de Sam Spade en mémoire, je jette un regard oblique dans leur direction et je vois tout à coup le petit homme à la cigarette poser la main sur sa hanche et darder un regard furieux sur son collègue en blanc :

— *You're crazy! Why did you speak to him in French? They don't need it.*

Eh ben! voilà une phrase qu'on n'aurait pas entendue il y a cinq ans! Je pousse mon journal vers la droite et fais mine de me plonger dans la lecture d'un article sur un nouveau canon à neige qu'on vient d'inventer pour les pentes de ski, fixant de temps à autre l'homme aux cheveux plats qui chuchote de plus belle, agitant sa cigarette de la main droite, le menton dressé en l'air, l'œil plissé d'indignation, petit Napoléon de la patate frite en train de défendre l'honneur bafoué tandis que le cuisinier secoue mollement la tête avec un air gêné.

Nous voilà donc de nouveau en marche vers les temps pénibles d'avant la loi 101. C'est bien là que nous ont menés le patient travail de sape d'Alliance Québec, les molles hésitations du gouvernement, ses réflexes de boxeur sonné et surtout sa réticence depuis neuf ans à vouloir mettre les gens dans le coup. Ce gouvernement n'aime pas expliquer. Ni convaincre. Quand il le fait, c'est en soupirant et l'esprit ailleurs, ou alors dans une confusion fébrile. Il tient peut-être pour acquis que chaque citoyen est passionné de politique, lit trois journaux par jour et possède chez lui des classeurs à six tiroirs remplis à éclater de dossiers épais comme des briques sur chacun des problèmes de l'heure.

Or ce n'est pas le cas, bien au contraire : j'ai parfois l'impression que les Québécois se sentent coupables de constituer un problème politique pour le Canada. Et malgré qu'ils forment à peine 2 % de la population nord-américaine, il leur arrive encore souvent de trouver qu'ils prennent trop de place sur le continent. Un peu comme ce vieux monsieur dans le métro, à demi caché par le journal grand ouvert de son insolent voisin, et qui s'efforce de retenir son souffle pour ne pas chatouiller la main qui se trouve à deux centimètres de ses narines.

Dans le fond, nous sommes portés à croire que le Québec appartient un peu plus aux autres qu'à nous ; et lorsque l'envie nous prend parfois d'occuper notre espace, des frissons nous courent dans le dos, comme si nous étions en train de scier un bras ou une jambe à quelqu'un. Ce sont les effets de la domination. Cela a été dit souvent. Une domination aimable et envahissante, de plus en plus rusée, et qui refuse maintenant les affrontements directs à cause de leur valeur d'enseignement pour les colonisés que nous restons. Voilà pourquoi nous ne comprenons pas trop ce qui nous arrive. Et le gouvernement péquiste est incapable de nous l'expliquer.

Un sondage CROP-Sorecom en janvier dernier nous apprenait que 63 % des Québécois francophones étaient prêts à plonger de nouveau dans le bilinguisme de l'affichage. Est-ce pour se faire pardonner de former la majorité et d'avoir parlé français à voix haute pendant sept ans ? Par bonasserie ? Par ignorance de leur situation démographique et socioculturelle ? Sous l'effet d'un coquetel de tout ça, je suppose. Deux langues valent mieux qu'une, se dit-on, et la langue du voisin est toujours la plus belle, même s'il vous la tire en faisant des grimaces.

Parfois, dans mes moments d'impatience, j'envie presque le sort des Polonais, des Arméniens, des Kurdes et des Afghans, à qui l'histoire a montré si cruellement ce que pouvait être la domination étrangère.

Mais l'amour de la vie me fait vite changer d'idée.

1er mars

Dix heures du matin. Renaud est étendu sur le plancher de la salle de jeux en train de faire un empilage de blocs plutôt compliqué, qui est censé représenter «un château de Martiens». Soudain, il se lève et accourt vers Viviane, tout excité:

— Maman! ma tête arrête pas de faire des idées pour jouer!

Et il retourne en courant à ses blocs, ravi de ce qui se passe en lui.

4 mars

Après quelques jours de printemps dégoulinants, qui ont mis la terre presque à nu, l'hiver a rappliqué, comme un petit patron sec qu'on croyait parti pour quelques heures mais qui réapparaît tout à coup, dans son impeccable habit bleu royal à rayures, le sourcil froncé, la voix coupante, pour donner ses derniers ordres. Viviane soupire. L'été lui semble à des millions d'années.

Mais, vers deux heures cet après-midi, un événement minuscule vient tout changer. Je suis dans le bureau que je loue depuis deux ans à Marie Millet, debout devant la fenêtre, en train de contempler le jardin, mes écouteurs sur la tête, mon baladeur en marche, lorsque la neige commence à tomber. Brusquement, il n'y a plus qu'elle. Lignes blanches et parallèles des flocons dans l'air gris. Les plaques de neige durcies, rongées par le soleil et souillées de suie, se fondent peu à peu dans la blancheur universelle. La ville s'allège peu à peu. On dirait qu'elle va bientôt se mettre à flotter. Et tandis que l'andante du premier quatuor à cordes de

Prokofiev se déroule lentement, mêlant sa douceur au spectacle paisible que je contemple par la fenêtre, une joie humble et douce se répand en moi : celle de pouvoir encore compter aujourd'hui parmi les vivants de la terre.

5 mars

La littérature a des effets parfois étonnants. L'autre jour, j'étais en train de ranger des livres dans ma nouvelle bibliothèque lorsque Renaud met la main sur le *Dictionnaire du diable* de ce grincheux d'Ambrose Bierce, publié aux éditions Des 4 jeudis. Sur la couverture, on voit un squelette assis sur un cube en train de jouer du violoncelle. Renaud, frappé au plus haut point par le dessin, s'approche de moi et me demande de lui raconter « l'histoire ». Sur le coup, mon courage a fléchi devant la tâche d'expliquer à un enfant de quatre ans qu'il ne s'agissait pas d'une histoire, mais d'un recueil de définitions, et cyniques en plus, puis de lui avouer que, n'ayant pas lu le livre, je ne pouvais pas connaître la signification de ce fameux dessin.

Cela risquait de faire naître une longue discussion. Alors, par paresse, lâcheté et malhonnêteté foncière, je lui ai pris le livre des mains et, faisant mine de lire la préface, qui m'a semblé d'ailleurs extrêmement quelconque, je lui ai inventé l'histoire de Robert Fayard, ce grand violoncelliste parisien qu'on pouvait entendre aux concerts Pasdeloup vers 1830 (ou 50 ou 60) et de l'affreux Anselme Bisbouille, violoncelliste lui aussi et membre du même orchestre, mais moins talentueux que Fayard, et jaloux à en faire une maladie de peau, et qui avait décidé un beau matin de l'éliminer pour prendre sa place.

Un jour, après une répétition, monsieur Anselme — comme on l'appelait — invite Fayard à prendre un café aux Trois Canards, un établissement que je recommande fortement aux amateurs de sabayons guatémaltèques. Fayard, surpris de l'invitation de son collègue — qu'il soupçonnait de malveillance à son égard —, accepte néanmoins avec plaisir, car il a bon cœur. Les voici aux Trois Canards. On commande les cafés. Fayard, appelé soudain par des obligations d'ordre physiologique (suit ici une série de questions très poussées de la part de Renaud), quitte la table et va se recueillir dans un endroit solitaire. Anselme en profite naturellement pour mettre de l'arsenic dans son café. Le violoncelliste revient, vide sa tasse. Au bout d'un moment, son attention est attirée par l'apparition dans son propre corps d'une série de symptômes en progression constante qui semble préluder à l'arrêt des fonctions vitales. Livide et frissonnant, il demande à Bisbouille de le ramener chez lui en fiacre. Ce dernier hèle un cocher, aide le pauvre homme à se hisser dans le véhicule et l'accompagne jusque chez lui. En cours de route, l'état du violoncelliste continue de se dégrader d'une façon extrêmement satisfaisante pour son compagnon. Arrivé chez lui, suffoquant et dégoulinant de sueur, le pauvre musicien supplie Bisbouille de le porter jusqu'à sa chambre, puis de courir chez un médecin. L'horrible Anselme, tout en airs compatissants, l'aide à s'allonger sur son lit de mort, s'absente un moment, puis revient auprès du presque feu Fayard :

— Cher ami, j'ai envoyé un gamin chercher le médecin. Détendez-vous, je vous prie. Il arrive dans la minute.

La minute passe, suivie de beaucoup d'autres et l'arsenic continue d'exercer son action incommodante.

Fayard s'étonne de la lenteur du médecin (s'il avait connu nos services d'urgence!). Il s'étonne aussi de la mine de plus en plus réjouie de Bisbouille, assis en face de lui, les bras croisés.

— Il ne viendra personne, imbécile! éclate Anselme tout à coup avec un rictus carié. Tu vas mourir comme un chien! Je t'ai empoisonné! Ce soir, je jouerai à ta place!

— Misérable! Je me vengerai! s'écrie le violoncelliste dans un mouvement d'indignation bien compréhensible.

Il s'agit, hélas, de son dernier mouvement. Sa tête retombe sur l'oreiller, immobile. L'esprit qui logeait dedans est rendu bien loin (mais où, au fait?).

Ensuite, tout va comme sur des roulettes pour Anselme Bisbouille. Il glisse l'enveloppe contenant l'arsenic entre les mains du cadavre, appelle la police et annonce au chef d'orchestre Jules-Étienne Pasdeloup (1819-1881) le suicide de son meilleur violoncelliste. Après plusieurs cris de désespoir, Pasdeloup nomme Bisbouille à la place du défunt. Quelques heures plus tard a lieu le concert. Anselme triomphe. À la fin de la soirée, l'assassin retourne chez lui, rue des Quatre-Vents, grignote quelques biscuits, enfile un verre de lait, joue un peu de violoncelle, se couche et souffle la chandelle. Détail important: son unique serviteur, frappé d'herpès, est en convalescence au bord de la mer. Anselme est sur le point de s'endormir lorsqu'il entend tout à coup la plainte d'un violoncelle quelque part dans la maison. Son instrument, appuyé contre le mur, luit doucement près de la fenêtre.

— Quel est le farceur qui ose, etc., grommelle Bisbouille qui saute en bas de son lit et enfile le corridor, pieds nus sur le plancher glacé (au grand scandale de Renaud).

Il s'approche du salon, dont la porte est fermée. La plainte du violoncelle se fait de plus en plus forte. Anselme, frissonnant, reconnaît un air que jouait Fayard dans la matinée, juste avant d'aller aux Trois Canards.

Il ouvre la porte toute grande. Le satané violoncelle continue de jouer, mais l'obscurité cache tout.

— Qui est là? demande Bisbouille, en proie à un début de désordres intestinaux. Si tu as un peu de courage, montre-toi.

Personne ne répond. Personne n'apparaît. Soudain, la lune, cachée jusque-là par d'épais nuages, inonde le salon. Anselme aperçoit en face de lui un squelette assis dans un fauteuil, un violoncelle entre les fémurs et les tibias. Le squelette pose son archet contre le fauteuil:

— Bonsoir, Anselme. Je suis Robert Fayard. Je viens jouer pour toi une dernière fois et t'annoncer que *tu vas me suivre où je suis!*

Et deux espèces de rayons laser (il s'agit d'un squelette extrêmement d'avant-garde) partent de ses orbites et plongent dans le cœur de l'assassin qui pousse un cri à faire lever un pont et s'écroule sur le plancher, noir comme une rôtie restée trop longtemps dans le grille-pain.

Le lendemain matin, intrigué par le retard de Bisbouille, Pasdeloup envoie une jeune flûtiste chez lui. Des lettres de sang tracées sur le plancher près du cadavre apprennent à la musicienne stupéfaite la juste vengeance subie par le décédé assassin.

Je suis sûr qu'Ambrose Bierce serait furieux de voir l'utilisation que j'ai faite de son dictionnaire. Mais je me suis quand même efforcé de rester fidèle à l'esprit général de ses œuvres. De toute façon, Alexis et Renaud, sans le savoir, m'ont fait expier cette petite malhonnêteté car, depuis une semaine, j'ai dû faire mourir une bonne quinzaine de fois le pauvre Fayard et ce détestable Bisbouille.

6 mars

Hier, j'étais invité à Québec à une réception donnée par le premier ministre pour marquer le vingtième anniversaire de notre première entente de coopération avec la France. Le soir, par ailleurs, je devais donner une conférence au Centre culturel de Lévis. Comme Alexis avait congé, nous avions pensé en profiter, Viviane et moi, pour aller là-bas prendre une journée de vacances en famille. Mais, en ouvrant l'œil vers sept heures du matin, j'aperçois un amoncellement de neige d'une dizaine de centimètres sur le rebord de la fenêtre. Je saute en bas du lit, soulève le store. La petite neige folâtre de la veille s'était transformée en tempête et la tempête venait de souffler tous nos projets : impossible d'utiliser l'auto pour un si long trajet. Il fallait que je me rende en autobus et que je me rende seul. Je ressentais des envies de fauteuil au coin du feu. Viviane, qui venait d'allumer la radio, m'annonça que le temps était encore pire à Québec.

— Eh bien, me dis-je, je pourrai m'avancer dans la lecture de mon livre.

Et cela me consola un peu. La veille, j'avais commencé la lecture de *Pick up on Noon Street,* un recueil de nouvelles policières de mon bon vieux Chandler et, malgré mes habituels problèmes de vocabulaire, sa

146

prose dure, précise, pleine d'images puissantes et d'un humour sardonique, sous lequel se cache une profonde compassion, m'avait de nouveau envoûté.

Comme la réception débutait à midi trente et que le trajet en autobus prenait au moins trois heures, la journée commença au pas de course. Vingt minutes plus tard, je me retrouvais à la station de métro Longueuil avec un demi-déjeuner dans l'estomac et l'impression d'avoir laissé chez moi une partie de mon système nerveux. Sans être de la plus grande violence, la tempête réussissait quand même à désorganiser joyeusement le train-train de la journée; cela me mit de bonne humeur. On sentait de l'aventure dans l'air.

L'autobus partait de Montréal et devait traverser le pont Jacques-Cartier, que j'apercevais d'ici dans les rafales de neige, avec sa circulation hypertrophiée, presque figée. Il arriva avec vingt bonnes minutes de retard, et bourré de voyageurs. Je me retrouvai assis au fond près des toilettes, face à la lunette arrière, avec la perspective inattendue de voir le trajet se dérouler à reculons. À ma droite, une fenêtre. À ma gauche, un chauffeur de la compagnie Voyageur qui se rendait à Québec pour ramener un autobus en fin d'avant-midi. Il causa un peu, puis s'endormit, la bouche entrouverte, l'air un peu macabre.

En face de moi, un peu à ma gauche, une jeune femme à lunettes, blonde, assez jolie, et dont j'avais remarqué tout à l'heure la redoutable volubilité, se trouvait assise près de deux adolescents. Elle me sourit et se mit à me parler, de tout et de rien, interminablement, ayant développé sans doute depuis la tendre enfance une étonnante capacité à tirer des minuscules événements qui se succédaient sous ses yeux des chapelets infinis de remarques candides qui répétaient la réalité d'une façon accablante.

Je l'écoutai quelques minutes en faisant de petits mouvements de tête, puis sortis mon Chandler dont je me servais de temps à autre comme d'un bouclier quand le flot de ses paroles menaçait de me suffoquer. Finalement, je plongeai pour de bon le nez dans mon livre. N'ayant pas le choix, elle se tourna vers ses deux jeunes compagnons.

L'œil subrepticement levé, je me mis à suivre la conversation. L'un des garçons devait avoir seize ans, l'autre douze ou treize. Ils semblaient se connaître depuis toujours. Dans le grondement de l'autobus, j'appris, grâce à ma babillarde, qu'ils étaient frères. Le plus vieux, la joue boutonneuse, le cheveu gras, le nez camus, la bouche fendue vers le bas comme la gueule d'un poisson, se livrait avec plaisir, sans doute flatté de susciter tant d'intérêt chez une adulte (jolie femme en plus). Ils arrivaient tous deux de Saint-Donat, s'en allaient à Loretteville et faisaient souvent l'aller-retour en autobus. Une remarque qu'il fit sur ses parents me donna l'impression que ces derniers avaient divorcé. Le bruit du moteur et les grincements de la carrosserie avalaient à tous moments ses paroles.

Son frère plus jeune était assis juste en face de moi. Les cheveux frisés, le nez en trompette, les yeux d'un noir profond et sans cesse en mouvement, la lèvre pulpeuse et bien dessinée, il était plutôt beau et me rappelait ces personnages de jeunes paysans que j'avais vus l'été dernier à l'exposition Bouguereau, où la peau hâlée et quelque chose de sauvage et de tendu dans l'expression tiennent à distance la mièvrerie. Il semblait timide, nerveux, répondait par petites phrases courtes en s'efforçant de prendre une grosse voix, sans doute pour imiter celle de son frère, qui avait mué. La jeune bavarde, elle, allait rejoindre son petit ami à Sillery et demeurait à Montréal depuis trois mois, qui lui semblaient trente ans. Et elle expliqua pourquoi. Je finis par m'endormir.

J'ouvris les yeux une heure plus tard pour constater que nous filions dans le cœur de la tempête. Le chauffeur avait dû ralentir son allure. Une curieuse atmosphère de recueillement régnait dans le véhicule, comme si les masses de neige qui tournoyaient en sifflant autour de nous et s'abattaient avec rage contre les vitres venaient de nous rappeler tout à coup notre fragilité. Dans cette région plate et presque inhabitée, où tout se courbait sous la furie glacée du vent, il aurait suffi d'une panne de quelques heures, et que la tempête continue, pour voir fléchir tout à coup une ou deux personnes âgées, puis un enfant, et que la mort vienne promener son ombre indéfinie derrière les fenêtres givrées.

Mais mon voisin de gauche, sans doute moins imaginatif et plus expérimenté, après s'être étiré les jambes et avoir poussé deux ou trois bâillements plaintifs, s'était rendormi et ronflait en émettant un curieux petit sifflement de bouilloire.

En face de moi, la volubile à lunettes avait également succombé à l'engourdissement, ainsi que l'aîné des garçons, qui dormait la bouche grande ouverte, laissant voir deux caries. Mais le plus jeune, la jambe gauche repliée sous lui, le torse droit, observait la tempête d'un air grave, serrant de temps à autre les lèvres avec une moue ennuyée. Je me replongeai dans les aventures de Pete Anglich. Les mugissements du vent et le crépitement de la neige se mariaient bien à cette histoire de coups fourrés qui se déroulait dans des pièces mal éclairées remplies de fumée de cigarettes et de relents d'alcool. J'arrivais à la scène finale, où John Vidaury, bel acteur vieillissant et un tantinet fadasse, accomplissait un exploit malgré lui, puis en perdait connaissance, lorsqu'une voix dans mon dos murmura :

— On arrive à Saint-Nicolas. Dans vingt minutes, Québec !

Du coup, la tempête, qui n'avait pas diminué de violence, sembla rapetisser, devenir insignifiante. J'avais l'impression de pouvoir la tenir dans le creux de ma main. La blonde volubile ouvrit brusquement les yeux et se mit à parler, puis se chercha du regard un interlocuteur. Le jeune garçon me sourit, rougit un peu, puis, désignant les cinq paires de jambes pressées les unes contre les autres du petit groupe que nous formions :

— Y a pas grand-place, hein ? fit-il avec cette voix grave et rauque, comiquement forcée, qui semblait vouloir presser la marche du temps.

J'engageai la conversation avec lui pour apprendre qu'il n'aimait pas trop voyager, que la polyvalente de Loretteville lui convenait tout à fait et que son père était conducteur de camions-remorques, presque toujours sur la route, quelque part entre Québec et Miami, et, une fois revenu à la maison, toujours en train de dormir.

— Ma mère, elle, travaille dans un Woolco à Québec et, le soir, elle fait de la comptabilité pour des petites compagnies. Je mange souvent chez mes grands-parents !

Je l'écoutais, souriant à demi, ému par la détresse que je sentais chez cet adolescent à peine sorti de l'enfance et que la vie bousculait déjà.

— Et vous? me demanda-t-il tout à coup, qu'est-ce que vous faites?

— Je suis écrivain.

Il me fixa un moment, tout saisi, puis pointant du doigt mon Chandler :

— C'est un de vos livres?

Je me mis à rire :

— Non! je n'écris pas de romans policiers. D'ailleurs, c'est en anglais, comme tu vois.

Une discrète agitation se répandit dans l'autobus. Claquements secs des mallettes et des sacs à main, soupirs d'efforts, étirements et contorsions pour un gant ou un livre tombé sous le siège, brusques montées de voix, rires étouffés. Et soudain nous filons sur le pont Pierre-Laporte balayé par le blizzard et qui semble inutile, jeté au-dessus de nulle part, comme si un mauvais plaisant lui avait volé son fleuve.

Il est midi pile. J'ai tout juste le temps de me rendre à la réception qui se tient dans la salle du Conseil législatif à l'Hôtel du Parlement.

À midi vingt, nous arrivons au terminus de la basse-ville. En me voyant sortir de l'autobus, le vent m'envoie une pelletée de neige en plein visage. La volubile relève son col, me lance un bref sourire et court à un téléphone, passant près de s'étaler deux fois dans la couche de neige mouillée qui épaissit à vue d'œil. Mon jeune compagnon de voyage empoigne son sac à dos, me fait un timide salut de la main et disparaît dans le flot des voyageurs.

J'entre dans le terminus bondé, rempli d'une odeur de friture et de laine mouillée, je me fraie un passage parmi la foule, je pousse une porte vitrée et me retrouve sur le boulevard Charest; on voit à peine les édifices d'en face. Il s'agit maintenant de trouver un taxi qui m'amènera dans la haute-ville. Il m'en passe trois sous le nez, chacun avec son client.

Après dix minutes de faction dans la tourmente, je réussis enfin à en attraper un. Je dois vaguement ressembler à un ex-banquier devenu robineux ou à un ministre que ses ravisseurs auraient forcé de ramper dans un tuyau d'égout.

— Où vas-tu? demande le chauffeur.

— Au Parlement. Je suis en retard.

— Eh bien, monte.

Gros nez. Grosses lèvres. Sourire dur.

Je m'assois à ses côtés, pliant et dépliant mes doigts congelés.

— Excuse l'odeur. Il faut que je nettoie mon tapis. Je viens d'en laisser une il y a cinq minutes qui avait l'air pas mal plus pressée que toi. Quand on est arrivés à l'Hôtel-Dieu, le bébé lui sortait entre les cuisses. Elle suait! Elle soufflait! C'était pas croyable! Son petit mari se rongeait tellement les ongles que ça a dû lui servir de dîner!

Et il se met à rire aux éclats, si parfaitement dégoûtant que je regrette de manquer du courage physique qui me permettrait de lui envoyer une claque sur la gueule. Je garde silence, fixant la tourmente.

Après deux ou trois plaisanteries qui me laissent impassible, il se tait à son tour. Je sens une sourde inimitié se développer entre nous dans le silence. Voilà le Parlement. Je paye (pas de pourboire) et je sors.

La jeune femme en veste bleue et jupe grise qui me reçoit à l'entrée me lance un sourire compatissant:

— Vous n'êtes pas le seul en retard, vous savez…

Je lui demande de m'indiquer les toilettes pour essayer d'éliminer le surplus de tempête resté dans mes cheveux et qui me dégouline dans le cou.

Un agent de sécurité s'avance, walkie-talkie à la main, et me conduit jusqu'auxdites toilettes. Sur notre chemin, nous apercevons d'autres agents, debout dans des embrasures, retirés dans des coins discrets, tous en train de causer à la radio avec un interlocuteur qui semble extrêmement curieux de ce qui se passe dans le plus petit recoin de l'édifice. L'affaire Lortie a laissé des traces. Je respire l'air d'une forteresse.

Après avoir essayé de faire réapparaître dans ma chevelure les ravissantes boucles qu'un shampoing à la camomille avait créées la veille, je vais retrouver la jeune préposée. Par une enfilade de corridors somptueux, elle me conduit vers l'escalier monumental qui mène à la salle du Conseil. Plus nous approchons de cette salle, plus les agents de sécurité prennent de la taille et du volume, et un air rébarbatif. À présent, ils sont déguisés en civils et je crois distinguer sous leur veston de petites protubérances significatives qui me ramènent encore une fois au recueil de Chandler.

Me voici devant l'escalier. Je gravis les marches, cherchant dans ma tête des sujets de conversation d'intérêt universel mais, comme à l'accoutumée, je ne trouve que des platitudes. J'aperçois par une porte grande ouverte une masse sombre et bourdonnante. Je vérifie d'un coup d'œil l'état de mon pantalon, puis je m'avance vers la salle avec cette petite crispation dans le creux de l'estomac qui me saisit toujours au moment où je dois plonger dans une réception mondaine. Une fois dans la salle, je m'aperçois que la foule est clairsemée. La tempête a convaincu bien des gens de rester au chaud dans leurs maisons. J'essaie de repérer un visage connu. En vain. Comme tout le monde tient une coupe à la main, je cherche le bar. Sans succès. J'avise alors près d'une fenêtre un homme seul qui semble aussi désemparé que moi. Je m'approche, je me présente. Poignée de main. Il est virologiste et demeure à Montréal. Il se trouvait au terminus en même temps que moi et n'a eu qu'à lever la main pour attraper un taxi, car il y en avait «au moins une douzaine». Où était cette douzaine? Mystère insondable du destin. Une jeune femme s'approche avec un plateau chargé de coupes. J'en prends une. Mon sentiment d'adéquation aux circonstances commence à augmenter. Je continue de causer avec mon compagnon, qui est chercheur à l'Institut Armand-Frappier et fait des recherches sur des virus susceptibles de combattre certains parasites, en remplacement des insecticides chimiques. J'aperçois soudain le ministre Bernard Landry. C'est un ancien confrère de collège. Il me salue de la main et vient nous causer quelques instants, nerveux, cordial, attentif. Soudain, un remous se fait dans l'assistance. Quelqu'un chuchote près de moi:

— Le premier ministre vient d'arriver.

Sa taille fait qu'il est bien difficile de l'apercevoir dans la foule, mais le mouvement des caméras, des projecteurs et des micros nous permet de suivre son trajet dans la salle. Je me remets à causer avec mon compagnon virologiste lorsqu'un homme à protubérance vestoneuse s'approche de moi pour m'annoncer qu'on me demande au téléphone. Ce diable de Chandler m'amène toutes sortes d'images en tête. C'est avec de petits stratagèmes pareils qu'on attire les détectives trop fouineurs dans des chambres à portes capitonnées où ils se font tabasser jusqu'au moment de sombrer dans un grand trou noir. Fin du chapitre. Début du suivant. Le détective se réveille sur un tapis couvert de mégots dans une chambre inconnue, la gueule en sang et des bleus sur tout le corps, près d'une jeune et belle femme en robe rose étendue sur un lit, la tête de côté, l'œil entrouvert, et qui le regarde fixement. Un peu trop fixement.

Quant à moi, honnête citoyen qui ne connaît même pas l'ex-maîtresse du fils de l'oncle d'une ancienne crapule repentie, on m'indique une cabine téléphonique au fond de l'antichambre. Je décroche le combiné. C'est Jean-Pierre Chénard, du Centre culturel de Lévis. Inquiété par la tempête, il veut savoir si la conférence de ce soir tient toujours.

— Oui, bien sûr, à moins que le traversier ne coule au milieu du fleuve.

Nous fixons un rendez-vous pour le début de la soirée et je retourne dans la salle.

Le premier ministre Lévesque est en train de parler au micro. Depuis ses supposés problèmes de surmenage de novembre dernier, chacune de ses apparitions publiques fait se braquer sur lui des centaines d'yeux de praticiens qui l'examinent avec une attention inquiète ou une froide malveillance, cherchant la petite faiblesse ou l'impair majeur qui annoncera la fin de sa carrière. Je le regarde et l'écoute, tout yeux tout oreilles, et je le trouve dans sa forme des plus beaux jours. Charme, aisance, esprit, facilité d'improvisation. De temps à autre surgit une expression frappante de naturel et de pittoresque. Puisse-t-il rester ainsi encore longtemps! Le Québec en a besoin. Depuis 1980, nous n'arrêtons pas de dégringoler. Cette attirance vers le bas qui semble augmenter en nous à mesure que nous nous laissons aller sur la pente, est-ce le début de la fin du Québec ? Chute de la natalité, anglicisation par l'électronique et désaffection des jeunes, c'est le genre de coquetels-coups-de-massue qu'on ne peut pas s'envoyer indéfiniment derrière la cravate. Chez Chandler, Hammett et compagnie, même les gangsters les plus coriaces, à force de lever le coude, finissent par s'écrouler ivres morts sur le plancher, vulnérables comme des poupons. La porte s'ouvre alors doucement. Quelqu'un pénètre sans bruit, un silencieux à la main, puis s'esquive aussitôt, son œuvre accomplie.

Applaudissements. Monsieur Vignal, consul général de France à Québec, s'appoche du micro et, après les salutations d'usage, lit le message du premier ministre Laurent Fabius à l'intention de son homologue québécois. Nouveaux applaudissements. Des hôtesses circulent parmi les invités avec des plateaux de hors-d'œuvre, dont tout le monde se délecte, car personne n'a dîné. Je quitte bientôt la salle, attrape mon manteau et me risque de nouveau à l'extérieur.

La tempête agonise. Mais, pour qu'on s'en souvienne le plus longtemps possible, elle a laissé sur les trottoirs et dans les rues des tonnes de neige fondante où l'on patauge jusqu'à la cheville. Malgré le creux que je sens à l'estomac, ma manie de collectionneur m'amène à Musique d'Auteuil, mon disquaire favori à Québec. J'en ressors avec une cassette des *Ballades* de Chopin par Vladimir Ashkenazy. Puis j'entre dans un café téléphoner à ma petite sœur Anne, peintre et mère de famille ; mais il n'y a personne à la maison.

Ma montre indique trois heures. J'aurais voulu aller manger au restaurant de Serge Bruyère, dont on me dit tant de bien depuis si longtemps, mais à cette heure les cuisiniers des grands restaurants sont en train de reprendre haleine devant une assiette de potage et souhaitent qu'on leur fiche la paix. J'aboutis finalement au Café Tastevin, rue Saint-Louis; c'est l'ancien Café Desjardins où mon ami Pothier et moi-même, avec une bande d'autres jeunes fous et jeunes folles, avons passé naguère des heures époustouflantes. Petit repas solitaire d'omelette aux champignons, à côté de deux jeunes touristes américaines maquillées comme des stars et jolies à faire loucher un aveugle.

Mon café terminé, je descends au sous-sol téléphoner à Roger Pothier. C'est maintenant un avocat très apprécié à Québec. Nous convenons de souper ensemble, même si ma rencontre de Lévis en début de soirée me laisse à peine une heure.

En attendant, j'arpente la rue Saint-Jean à la recherche de cadeaux pour Alexis et Renaud car, si je reviens les mains vides, mon image paternelle risque d'en prendre un coup. Mes achats terminés, je vais m'asseoir dans un café et je me replonge dans Chandler. Moment de solitude délicieuse, comme seuls les voyages peuvent nous en offrir.

À cinq heures trente, Pothier arrive. Souper joyeux. C'est toujours avec beaucoup de plaisir que je revois mon ancien camarade de collège, établi à Québec depuis vingt ans. Son métier n'a pas réussi à l'avaler. Il y en a tant de ces gens que l'ambition et leur dur travail transforment en bêtes de somme ennuyantes. Mais le temps ne peut avoir raison de tout, ce serait comme une indécence. Pothier a conservé une bonne part de sa jeunesse, et son penchant pour l'humour et la cocasserie a toujours maintenu une sorte de complicité entre nous, que n'ont pas réussi à entamer le temps, la distance et la dissemblance de nos métiers.

Vers sept heures trente, il me conduit au traversier de Lévis. Vingt minutes plus tard, je m'avance rue Wolfe (le sinistre nom) dans un beau quartier paisible et cossu dont les imposantes maisons victoriennes prennent dans la nuit une allure mystérieuse et solennelle. Au bout d'un moment, j'arrive devant l'ancienne église anglicane qu'on a transformée en centre culturel, où je dois prononcer ma conférence. Les abords en sont tout à fait déserts. Les vitraux répandent sur la neige des lueurs roses et bleues.

Il est huit heures moins cinq. Je me sens un peu comme le détective Marlowe au début d'une enquête.

7 mars

Je viens d'écouter sur mon lecteur de cassettes la *Neuvième* de Bruckner, dirigée par le vieux Bruno Walter. L'enregistrement, sur bandes au bioxyde de chrome, rafraîchi par une technique d'avant-garde, est d'une transparence et d'un relief étonnants et fait mentir son âge. Je n'arrive pas à croire que j'étais en train de terminer mon cours classique à Joliette au début des années soixante lorsque le vieux chef allemand, chassé d'Autriche en 1938 par les nazis, puis établi peu après en Californie, s'occupait dans les studios de la compagnie Columbia à laisser aux mélomanes son testament musical, qui témoigne d'un monde à jamais disparu, dont je ne peux me faire que la plus vague idée : je veux parler de l'Europe d'avant la Première Guerre.

L'interprétation de Walter se distingue par une noblesse souveraine et une poésie à la fois profonde et délicate, qui ne pouvaient éclore que dans une ambiance sonore totalement différente de celle des villes d'aujourd'hui. C'est une poésie nourrie de paix et de silence. Le grondement des autoroutes, le tapage des appareils électroménagers, l'omniprésence de la musique et de la voix humaine par l'électronique ont grugé cette quiétude, durcissant notre oreille et peut-être un peu aussi notre cœur.

Je n'oublierai jamais l'anecdote racontée par un des producteurs de Columbia qui veillait à l'époque aux dernières séances d'enregistrement du maître, encore animé d'une merveilleuse énergie malgré sa santé chancelante. Un matin, il était allé chercher le musicien en auto à sa résidence pour le conduire au studio où on se préparait à enregistrer, je crois, la symphonie *Résurrection* de Gustav Mahler. Quand le vieillard fut assis à ses côtés, croyant lui faire plaisir, il alluma la radio (sans doute un appareil nec plus ultra) où on diffusait une symphonie de Dvořák. Bruno Walter lui posa la main sur l'épaule et avec un bon sourire :

— Si vous voulez, mon cher ami, nous allons plutôt concentrer notre attention aujourd'hui sur monsieur Mahler. Cela lui fera tellement plaisir !

Et pourtant, c'est grâce à cette même technologie, aux effets si barbarisants parfois, que je peux entendre aujourd'hui, plus vivante que jamais, la voix du grand Bruno Walter, comme si ce dernier venait de décider que sa mort en 1962 à l'âge de 86 ans était un peu prématurée et qu'il venait faire encore un bout de chemin avec nous.

Il y a des gens devant qui on se sent aussi original qu'un billet d'autobus. Je pense à un de mes anciens camarades de collège que je n'oublierai jamais, même si je devais subir un lavage de cerveau à l'eau de Javel.

Il nous était arrivé de je ne sais plus trop quelle ville du Lac-Saint-Jean au début du mois d'octobre, coiffé d'une casquette molle et graisseuse qui rappelait vaguement la forme d'une machine à écrire. C'était un grand garçon de quinze ans, tout en os, au visage plutôt agréable, de naturel silencieux et solitaire, mais fort aimable quand on lui adressait la parole. Sa coiffure nous avait sidérés ; il avait la curieuse habitude, lorsqu'il prenait sa douche, d'enduire ses cheveux d'une grande quantité de shampoing, puis de les lisser tout de suite avec un peigne, en évitant soigneusement de les rincer. Cela lui donnait une curieuse chevelure plastifiée qui se défaisait au bout de quelques heures en une multitude de mèches hirsutes et très raides, dans une sorte de préfiguration de la mode punk qui déplaisait fort aux autorités du collège. Mais ces dernières ne parvinrent jamais à lui faire abandonner cette curieuse manie. Sa douceur souriante nous enlevait toute prise sur lui. Il regrettait vivement de déplaire à ses supérieurs, mais se disait forcé d'agir ainsi, car c'était la seule façon qu'il avait trouvée de combattre les pellicules que son cuir chevelu produisait, selon lui, comme un moulin produit de la farine.

Mais il n'y avait pas que son shampoing. Il y avait aussi son livre. Quelque chose qui s'appelait plus ou moins *Les pensées secrètes du fils de Voltaire* (Voltaire eut-il jamais un fils ?). Je revois encore sa couverture cartonnée jaune moutarde, fatiguée, avachie, agonisante d'avoir été si tripotée. Il avait toujours le livre à la main pendant les récréations, jetant de temps à autre un coup d'œil dedans avec des sourires entendus. Et dès qu'il avait un moment libre durant les périodes d'étude (c'était du reste un élève fort travailleur), il plongeait le nez dedans.

À l'époque, on devait soumettre à l'approbation du préfet des études tout livre qui ne provenait pas de la bibliothèque du collège. On devine bien qu'avec un titre où figurait le nom maudit de Voltaire, cet esprit démoniaque et corrosif, responsable de la perte de tant de jeunes âmes chrétiennes, le livre avait été promptement requis pour un examen attentif. Le préfet avait donc lu les fameuses *Pensées secrètes*, sans y rien comprendre, et avait marqué le livre de son estampe approbatrice, probablement sous l'effet du découragement.

— Charabia total, avait-il expliqué à un professeur. Cela ne peut lui faire plus de tort qu'à moi. On pourrait lire le livre à l'envers avec les mêmes résultats.

Notre curieux bonhomme resta au collège un an ou deux, puis s'en alla Dieu sait où et jamais plus personne n'en entendit parler. Il y a deux ans, pendant que je faisais une tournée de conférences dans le sud des États-Unis, un membre de la Délégation générale du Québec me parla de lui un beau matin, sans se douter, bien sûr, que je le connaissais. Il avait acquis depuis longtemps la citoyenneté américaine et venait de s'établir à Los Angeles où il avait ouvert (je pris la peine de noter le nom dans un calepin) un *Bureau de réécriture physique Volto*. Volto de Voltaire, évidemment. Il traînait sans doute encore avec lui son petit livre à couverture

jaune moutarde. Mais la reliure avait sûrement été re-
faite.

* * *

Nous avons de grandes leçons de stratégie à prendre
d'Alliance Québec, ce mouvement au nom unilingue
français (quel coup de génie !) qui travaille avec tant de
patience et d'habileté à défranciser le Québec.

C'est en voyant à l'œuvre Tom Mulcair, Eric Maldoff
et Michael Goldbloom qu'on mesure l'écart sociologi-
que entre Québécois francophones et anglophones
lorsqu'il s'agit d'action politique. La colonisation nous
aura empêchés de développer autant de finesse que nos
colonisateurs, souvent plus habiles que nous dans les
batailles sur la place publique. Quand on n'a jamais
possédé de chaudrons, il est difficile de devenir cordon-
bleu.

Huit ans après l'arrivée au pouvoir du Parti québécois, bien des anglophones n'ont pas encore digéré la
perte de certains des privilèges que leur avait acquis la
conquête militaire de 1759.

Sinon, comment interpréter l'action d'Alliance Québec ? Depuis quatre ans, ses dirigeants volent de succès
en succès. La loi 101 tombe en morceaux. Le bilinguisme s'est remis à progresser. La démobilisation des
Québécois se poursuit (avec l'aide involontaire du PQ).

Ce matin, j'entendais à la radio qu'Alliance Québec
avait envoyé des représentants à Fredericton pour plai-
der la cause du bilinguisme et des Acadiens devant la
commission Poirier-Bastarache qui a repris ses audien-
ces sur la réforme linguistique au Nouveau-Brunswick.
Rouerie magnifique. En défendant le français là où il n'a

que peu de chances de survie, on se donne des moyens de le miner dans le seul endroit où il est viable : au Québec. En d'autres mots, l'instauration du bilinguisme au Nouveau-Brunswick n'empêchera pas le français de s'y étioler tandis que son renforcement au Québec va ronger de nouveau notre langue comme un cancer. Messieurs Mulcair, Maldoff et Goldbloom savent tout cela aussi bien que nous tous, mais font semblant de l'ignorer, vertueusement drapés dans une fausse symétrie d'argumentation, comme si les minorités acadiennes et anglo-québécoise se trouvaient dans une situation identique et que le français et l'anglais avaient des empires égaux en Amérique. Et tandis qu'ils susurrent de pieux sermons sur les deux langues officielles, les deux races fondatrices et blablabla, leurs militants font tout doucement le tour des commerçants de Mont-réal pour les inciter à contester la loi 101.

Tout cela au nom de la survie des Anglo-Québécois qui seraient, paraît-il, en danger. En danger d'aller mieux, voilà tout ce qui les guette. Le regard candide et la main sur le cœur, Alliance Québec se prétend leur porte-parole. Qu'en est-il vraiment ?

Dans son rapport financier pour l'année 1984, au chapitre des revenus, le mouvement déclarait avoir reçu 1 127 550 $ du gouvernement fédéral… et 18 140 $ par souscription publique ! M'est avis que son mandat provient davantage des officines d'Ottawa que de Mont-Royal ou de Westmount.

— Ces individus sont une véritable engeance, crient certains.

Agence plutôt.

Et une agence dirigée de main de maître. N'oublions pas qu'au début ils n'avaient pas la partie facile. C'est un peu beaucoup ardu, n'est-ce-pas, lorsqu'on fait partie d'une minorité jouissant du statut le plus confortable au monde, avec son propre réseau scolaire, culturel et hospitalier, le niveau de vie le plus élevé au Canada, une élite qui contrôlait le plus gros du Québec depuis deux siècles et l'appui d'un bloc linguistique qui représente 98 % de la population nord-américaine, de faire couler des ruisseaux de larmes avec le récit de ses malheurs. Eh bien, Alliance Québec est sur le point de réussir. La preuve? Cette culbute dans le bilinguisme qu'on sent venir. Malgré que les Québécois francophones constituent la majorité dans leur province (près de 83 %), mais ne forment qu'une infime et fragile minorité en Amérique (moins de 2 %), ils ne sont plus tout à fait sûrs maintenant d'avoir le droit de vivre dans leur langue et de prendre les moyens requis pour la protéger et contribuer à son épanouissement, car cela dérange la minorité. C'est comme s'il y avait pour nous quelque chose de pervers à imiter tous les peuples de la terre.

Le morceau de sucre est sur le point de céder aux arguments du gallon de café qui lui demande de se laisser imbiber tout doucement, goutte à goutte, afin de prendre cette jolie coloration blonde, tellement à la mode par les temps qui courent.

En pratique, cela va donner quoi? Un gallon de café bien noir, même pas sucré.

9 mars

J'ai de nouveau écouté hier soir, seul dans la maison, Viviane et les enfants couchés depuis longtemps, la *Neuvième* de Bruckner, dirigée par Bruno Walter. Et je pensais à Gilbert La Rocque, mort depuis plus de trois mois déjà. Gilbert La Rocque qui avait une telle passion ♥ pour la musique postromantique et dont Walter était un des chefs favoris.

Un soir que nous marchions dans la rue Sainte-Catherine après avoir fait ensemble la tournée des disquaires (c'était à la fin de novembre 1982 ; ce fut la seule fois), il me dit tout à coup, dans le bruit des automobiles et les conversations des passants, qu'il pouvait se jouer mentalement la *Neuvième* de Bruckner, du début à la fin.

— Mais elle fait presque une heure, mon vieux, lui avais-je répondu, sceptique.

— Je l'ai écoutée tant de fois, s'était-il contenté de me répondre, comme se parlant à lui-même. Mahler et Bruckner : je connais toute cette musique par cœur. C'est *ma* musique.

Maintenant, il en est coupé à tout jamais. Du moins, je le crois. Moi, je continue de l'écouter. Puis je disparaîtrai à mon tour. Mais d'autres me succéderont et continueront de se nourrir de cette musique, qui les transportera de temps à autre à des hauteurs indicibles, inouïes, comme il m'arrive parfois dans mes bons jours.

Juillet 1965, dans un immeuble au coin d'Édouard-Montpetit et Decelles. Le dernier mouvement de la *Neuvième* de Mahler (Mahler, cette fois) qui me parvient par le haut-parleur un peu enroué d'une radio bon marché. C'est Barbirolli qui dirige. J'écoute distraitement, car une femme est en train de se confier à moi. La musique rampe sournoisement et me saute soudain dessus comme un guépard. Liquéfaction soudaine du réel. Extase, éblouissement et larmes. Crise de larmes, mais crise douce, sans pudeur, sans retenue, malgré la présence de l'autre. Mahler, malade et condamné par les médecins, parle doucement de la mort, de son acceptation sereine de la mort, de la mort fin de toutes choses, fin juste et bonne et bienvenue, car l'homme atteint tôt ou tard les limites de ses forces, et le coup du destin qui le précipite dans le néant — ou dans une autre vie ? — ne part pas d'un extérieur impitoyable et cruel, mais du fond de lui-même. C'est ainsi qu'en disparaissant nous continuons de nous exprimer.

Le lendemain, j'achetais cette version de Barbirolli, qui dirigeait la Philarmonique de Berlin. Elle est devenue pour moi une sorte de talisman, qui agit parfois sans avertir, quand il le veut bien et non quand je le lui demande.

Nous sommes devant ces chefs-d'œuvre comme des pigeons perchés sur les corniches d'un temple. De temps à autre, on retrouve le cadavre d'un oiseau sur le sol, devant l'édifice impassible et superbe, qui donne l'impression d'être immuable. Mais il ne l'est pas, lui non plus, malgré l'épaisseur de ses murailles et la solidité de ses colonnes. Jour après jour, le temps le ronge lui aussi, l'amenant doucement à sa destruction finale.

Douleur de savoir que même les chefs-d'œuvre, ces gouttes de lumière condensée qui luisent miséricordieusement dans notre nuit, vont finir par s'éteindre et disparaître eux aussi, comme l'homme, comme toutes choses.

Déjà l'œuvre de Virgile et celle d'Homère ont commencé à s'enfoncer peu à peu dans le néant. À moins d'être un spécialiste, on ne peut plus s'y abreuver désormais que par le tuyau plein de fuites des traductions. Moi-même, mauvais petit latiniste de collège, je n'ai jamais entendu dans ma tête la vraie voix de Virgile. La distance entre une littérature magnifique et ses lecteurs ne cesse de s'accroître. Bientôt on n'en percevra plus que des échos, qui finiront par se noyer dans le silence. Longtemps, très longtemps j'espère, après ma mort, la musique de Mozart, de Beethoven et de Mahler se taira à son tour. Parfois, en lisant les journaux, je me dis que les cervelles fanées des Reagan, Tchernenko et compagnie travaillent stupidement à raccourcir le délai.

11 mars

Vendredi dernier, la journaliste Nathalie Petrowski est venue chez moi au début de la matinée pour une interview. Comme la maison était en branle-bas de ménage, je lui ai proposé que nous nous rendions à pied jusqu'à la rue Saint-Charles au Café Suprême, toujours tranquille à cette heure.

Je n'avais pas revu Nathalie Petrowski depuis le Salon du livre de Montréal en 1983, où elle m'avait dédicacé ses *Notes de la salle de rédaction*. Je la retrouvais comme je l'avais laissée : simple, souriante, encore toute jeune, avec quelque chose de doucement moqueur dans le regard. En cours de route — histoire peut-être de jeter un coup de sonde — je lui ai dit que le ton si particulier de son écriture, complètement libérée du moule journalistique traditionnel, allait la pousser tôt ou tard vers la nouvelle ou le roman. Elle m'a regardé, s'est mise à rire :

— Peut-être, peut-être... Mais la fiction, c'est si différent... Il est vrai que je dois me retenir parfois pour ne pas basculer dedans !

Nous sommes entrés dans le restaurant, nous avons commandé des chocolats chauds, le lecteur de cassettes s'est mis à tourner et j'ai donné une des plus mauvaises interviews de ma vie.

Un nuage noir avait dû s'arrêter au-dessus de ma tête. Je suis devenu tout à coup une machine à paroles emballée qui s'est mise à filer à une vitesse étourdissante sur les petites pentes sans intérêt du bavardage et de l'insignifiance. Fatuité. Complaisance. Éparpillement continuel de la pensée. Troupeau de coq-à-l'âne. Toutes les qualités du mauvais causeur se trouvaient assemblées au grand complet, et à un degré de pureté qui défiait les normes les plus sévères des laboratoires. Nathalie Petrowski m'écoutait, un peu étonnée, le regard pénétrant, animé parfois de pétillements fugaces. Je m'apercevais bien de mes dérapages, mais tous les efforts que je déployais pour reprendre le contrôle viraient en fausses manœuvres. Je suis même allé jusqu'à lui décrire — chose qui ne m'était jamais arrivée jusqu'ici — les grandes lignes du roman que j'étais en train de rédiger, comme si les livres en gestation avaient besoin de fréquenter la place publique.

En somme, j'étais ridicule, tout à fait conscient de l'être, mais emporté malgré moi dans un tourbillon dont je n'arrivais pas à trouver la cause, qui était peut-être cette jeune femme assise devant moi, en train de boire son chocolat chaud à petites gorgées, et m'écoutant avec cet air affable et mystérieux qui m'avait transformé en écureuil frémissant.

Aussitôt fini le présent paragraphe, je vais lui téléphoner pour lui demander de rayer de son article tous les commentaires que j'ai pu faire sur mon prochain roman et m'excuser de lui avoir infligé un si mauvais quart d'heure. Mais — sait-on jamais? — c'était peut-être cela qu'elle souhaitait. On se livre souvent plus en jappant à tort et à travers qu'en faisant le chien savant.

J'ai terminé hier *Pick up on Noon Street* de Chandler. Je ne sais ce qui me retient de considérer ces quatre longues nouvelles comme des chefs-d'œuvre. Au fait, qu'est-ce qui me retient? L'exiguïté de leur registre? Dans les quatre cas, il s'agit de l'histoire d'un détective sympathique mais plutôt rude, luttant contre des crapules de basse et haute extractions, avec une nette tendance pour la basse. Mais cela ne me semble pas un très bon argument. Les tragédies de Racine et les comédies de Molière, pour prendre des exemples de tout repos, présentent cette même exiguïté.

Dans le premier cas, on fraie obligatoirement avec des rois, des reines, des princesses et des généraux, entourés de leurs suivantes, confidents et serviteurs. Dans l'autre, on fréquente surtout la bourgeoisie, avec ses vieux marchands dont le front a tendance à s'orner de cornes, ses belles jeunes filles bien élevées qui touchent le clavecin avec une grâce incomparable, et ses jeunes soupirants, fils de famille détournés momentanément par leurs hormones du négoce de papa.

Alors, le problème se trouve peut-être dans le propos même de l'œuvre? Le genre policier repose essentiellement sur la violence physique, le goût du pouvoir et de l'argent (thèmes universels de la littérature) — et l'action. Il se prête mal, habituellement, à l'analyse psychologique. Mais le théâtre classique également, si on donne au mot analyse tout son sens. En fait, aucune pièce du théâtre classique (aucune pièce tout court, aurais-je envie de dire, si je n'avais l'exemple de Tchekhov en tête) ne s'accommode bien longtemps d'une action statique (ou «ralentie»), condition indispensable si l'on veut

« creuser » un personnage. Les pièces du répertoire classique s'appuient avant tout, à mon humble avis, sur le « mouvement ». Leurs personnages s'y définissent beaucoup plus par leurs actes que par leurs paroles (les fameux monologues). Je le sais, cette petite affirmation demanderait 300 pages de nuances, que je me réserve pour mes vieux jours.

Parlons alors des fameuses lois du genre. Une œuvre policière, comme chacun sait, repose sur trois pattes : un crime, une enquête et une découverte. Cela impose à l'auteur une orientation et des atmosphères bien précises. Les mauvaises langues ajoutent : « Cela rapetisse le genre. »

Mais il y a belle lurette que cette triade est traitée avec une extrême désinvolture par bien des auteurs, et de tous calibres, ce qui a scié plusieurs barreaux de la cage. Et puis le roman psychologique possède lui aussi sa propre exiguïté contraignante, qu'on ne lui a jamais reprochée.

Restent les fameuses normes, par lesquelles on juge si une œuvre est « immortelle » ou pas (les jugements qu'on porte sur elle ne le sont pas toujours, malheureusement) : la « belle langue » (ou style), la puissance et la vraisemblance des personnages. Soumis à cet examen, les romans policiers que j'ai lus s'en tirent avec brio. À leur façon toute différente, Hammett et Chandler sont d'admirables stylistes et l'impression durable que nous laissent leurs œuvres tient bien davantage aux personnages et à la voix de leur auteur qu'à l'intrigue proprement dite, malgré que cette dernière témoigne souvent d'un art consommé de la construction dramatique.

Le respect et l'amour de la phrase efficace et bien faite ; un souverain mépris pour les clichés ; le don de la formule ; la recherche incessante du ton juste, du trait original et naturel : voilà ce qui va sans doute assurer à ces deux écrivains une place parmi les plus grands, malgré le relent de poubelles et d'hôtels mal famés que dégagent leurs histoires. Ou à cause de cela, justement.

Alors, d'où me viennent mes obscures réticences ? Du snobisme ? Pendant longtemps, on a considéré le genre policier avec mépris. Et puis, au cours des années soixante, je crois, il est tout à coup devenu très à la mode dans les milieux universitaires, las sans doute des têtes consacrées. Mon restant de méfiance doit se nourrir autant de ce mépris que de l'engouement qui l'a suivi.

13 mars

Mon congé sans solde se termine dans un mois et demi environ. Je retourne à Radio-Québec le 29 avril. Pendant deux ans et demi, j'aurai eu la chance inouïe de pouvoir me consacrer jour après jour à mon livre, penché au-dessus de ma machine à écrire, la tête dans un autre monde ou renversé sur ma chaise en train de consulter, perplexe, le *Petit Robert*.

Cela aura donné une pile de 640 feuilles dactylographiées sur papier *newsprint* jaune pâle, couvertes de ratures et de corrections, et qui ressemble vaguement à un annuaire téléphonique dont on aurait arraché la couverture.

Parfois, quand je me vois assis à mon bureau tandis que le monde entier est pris de convulsions et que mon pays semble être parti à la dérive, la vanité de toute cette entreprise m'accable. Alors, de temps à autre, le remords et le sentiment de l'urgence me font sortir de la petite chambre paisible que je loue à deux pas de chez moi et j'essaie de jouer au pompier. Mais Dieu! que mon seau est petit et que l'eau se trouve loin!

Alors je retourne à ma machine à écrire et je me remets à dactylographier, en jetant de temps à autre un coup d'œil par la fenêtre.

14 mars

Ce matin, encore étendu dans mon lit et sortant à peine du sommeil, j'ai entendu par la fenêtre entrouverte, qui m'envoyait de petites bouffées d'air humide, l'espèce de plainte lamentable poussée par les freins d'un poids lourd en train de descendre une rue du quartier en direction sud. À chaque arrêt, la plainte s'allongeait de nouveau, de plus en plus faible. Et cet appel désolé, qui se perdait peu à peu dans la vague rumeur de la ville, me rappela tout à coup le son des cornes de brume et des sirènes de navires. Une sensation d'espace immense me remplit alors, amplifiée par les bouffées d'air humide et la paix du matin, et je me suis retrouvé tout à coup six mois en arrière, dans notre petite école de rang transformée en chalet à Saint-Irénée de Charlevoix, face au fleuve immense, environné d'un dévalement de côtes et de montagnes qui nous tenait à longueur de journée dans une douce et calme euphorie, les poumons pleins de vent frais, baignés dans une lumière inépuisable dispensée par un été de soleil qui ne semblait pas avoir de fin.

Je revivais mes débuts de journée: d'abord l'attaque sauvage d'Alexis et de Renaud, qui fondaient sur notre lit vers sept heures du matin en hurlant: «On veut dé-jeu-ner! On veut dé-jeu-ner!» (deux noires, trois croches); puis la séance de tiraillage obligatoire, à la grande horreur de Viviane qui se levait aussitôt et allait préparer ledit déjeuner; ensuite, mon éblouissement ravi lorsque je levais le store de l'immense fenêtre de notre chambre face au fleuve, un fleuve encore à demi noyé dans une brume lumineuse et argentée qui se levait peu à peu pour se volatiliser dans la lumière bleue; la descente de l'escalier casse-cou en pantoufles et robe de chambre; les miaulements discrets sur le perron de madame Blanche, la petite chatte de misère qui nous avait adoptés et attendait sa modeste part du repas; la musique un peu brumeuse des *Notes inégales,* partie du lointain Montréal et sautant péniblement de tour-relais en tour-relais jusqu'à nous; puis mes avant-midi d'écriture, assis devant mon bureau dans une lumière tamisée sous les combles du grenier.

À une heure, nous partions tous les quatre en auto à la recherche d'un coin de Charlevoix où passer l'après-midi: Port-au-Saumon, les Hautes-Gorges, la Baie-des-Rochers, Cap-aux-Oies, le ruisseau Jureux, Port-au-Persil, et les terrasses gazonnées du Manoir Richelieu où, installés à des tables-parasols, nous regardions les bateaux qui passaient lentement.

Et bientôt la nuit nous enveloppait doucement dans un scintillement d'étoiles si pur et si précis que nous restions de longs moments à contempler le ciel, étonnés, comme s'il nous apparaissait pour la première fois.

14 mars

La lune de miel entre messieurs Lévesque et Mulroney craque, se fissure et va bientôt nous tomber sur la tête. René Lévesque, qui s'était fait jusqu'ici doux et coulant, ravalant sa mauvaise humeur même dans l'affaire Domtar, où l'arrivée au pouvoir des conservateurs pulvérise les cent millions de dollars promis à la papetière, s'est finalement fâché dans l'affaire de la péréquation : malgré ses promesses, Mulroney refuse tout à coup de corriger l'injustice de l'ancien gouvernement Trudeau dans le calcul des sommes que le fédéral verse annuellement aux provinces pour répartir équitablement le fruit des impôts prélevés dans tout le Canada. Dans les derniers calculs de sir Elliott, grand truqueur maintenant à la retraite, le Québec se faisait arracher 263 petits millions de dollars, pour apprendre sans doute à être plus docile dans la grande famille canadienne.

Mulroney pensait peut-être calmer le Québec avec de bonnes paroles. Mais il y a des trucs qui ne prennent pas, même avec des naïfs. On a beau mettre un éléphant au régime et le peindre en jaune, il sera toujours difficile de le faire passer pour un serin.

Depuis quelques jours, le premier ministre Lévesque parle, pour compenser les millions perdus, de lever une taxe de la péréquation, qui stigmatisera l'injustice d'Ottawa, un peu comme la taxe olympique sert à nous rappeler que le maire Drapeau a toujours eu plus d'aptitudes pour dévorer l'argent que pour l'administrer.

Lévesque est obsédé — et on le comprend — par le règlement du problème constitutionnel. Mais, en même temps, il est en train de constater que sa souplesse avec Ottawa donne à peu près autant de résultats que de la graine de citrouille semée au pôle Nord.

On se dirige donc vers une épreuve de force. Pendant ce temps, Brian Mulroney et ses amis, qui n'ont peut-être pour toute vertu que celle de ne pas avoir encore eu le temps de pécher, examinent le champ de bataille. La cote de popularité du Parti québécois, décimé et divisé, s'est mise à remonter lentement, depuis, paraît-il, que l'indépendance a été placée au congélateur. Mais les libéraux le devancent toujours, de moins en moins, mais encore quand même, et peut-être pour assez longtemps. Si Mulroney acquiert la certitude que l'échéance des élections provinciales arrivera avant que le PQ n'ait doublé son adversaire, la stratégie du retour au bercail canadien de Lévesque va s'écraser comme un tas de guenilles. Le PQ aura perdu le pouvoir, son idée-force, la plupart de ses militants et peut-être la vie tout court. Il existe un recours qui permettrait de gagner cette épreuve de vitesse entre Lévesque et Bourassa : Pierre-Marc Johnson. Placé à la tête du parti, les sondages Sorecom-*Le Soleil* le mettent sur les talons de Bourassa et même un peu en avant. Mais quelle pensée politique se cache derrière l'amabilité souriante de cet homme habile et au flair si sûr ? Sans doute celle que lui permettraient de concrétiser les circonstances, ni plus ni moins. Réalisme ou sagesse courte ? Qui pourrait le dire ?

Il existe un second recours : Bernard Landry, dont les convictions semblent plus affirmées. Mais son audience reste pour l'instant plus restreinte.

De toute façon, Lévesque ne semble pas vouloir céder la place et préfère tenter lui-même de renflouer le Québec. Mais les épreuves du pouvoir semblent l'avoir fatigué (quoique certains disent qu'après ses longues vacances il a retrouvé sa forme). En s'accrochant à son poste, il risque de ne se retrouver ni premier ministre ni même chef de parti, mais spectateur impuissant d'une formation politique en éclatement (un éclatement qu'il aurait lui-même provoqué), avec la perspective de voir

Robert Bourassa tenter de réparer de ses longues mains molles le gâchis causé par les fourberies de Trudeau.

Malgré ses maladresses des dernières années, mon admiration et mon attachement pour René Lévesque demeurent. J'approuve toujours le jugement qu'un des personnages de *L'enfirouapé* portait sur lui : c'est le plus grand homme politique que le Québec ait connu depuis Jean Talon.

Et j'ajoute : c'est le créateur du Québec moderne. Mais l'espèce de peur atavique qui semble l'habiter — comme nous tous — et qui transparaît dans son indécision et ses réticences (peur de tenir un discours de libération, de s'adresser en somme à la fierté de son peuple et non plus seulement à sa prudence rusée), cette peur contre laquelle je l'avais cru vacciné m'attriste et me déçoit, sans parvenir à me faire oublier son admirable trajectoire jusqu'en 1980.

Et aujourd'hui, le 14 mars 1985, à quelques semaines du congé de Pâques, au terme duquel Lévesque et Mulroney ont convenu de se rencontrer pour tenter de réparer l'injustice commise contre le Québec par les Trudeau, Chrétien et autres brasseurs de boue, je ne puis m'empêcher de ressentir une sorte de compassion horrifiée pour l'homme qui engage une si terrible partie de poker avec si peu de cartes en main.

Pourquoi maintenant ? Ne pouvions-nous pas attendre une nouvelle donne ? Évidemment, si la stratégie de Lévesque réussissait, je me contenterais de baisser modestement les yeux et d'avoir l'air nigaud. Mais si elle échouait, les dégâts seraient incalculables et on lui reprocherait peut-être comme principale faiblesse d'avoir compté essentiellement sur la bonne volonté du chef conservateur, dont on s'aperçoit un peu plus chaque jour que sa naissance à Baie-Comeau, en bonne terre québécoise, ne l'a pas prémuni plus qu'aucun autre contre le cynisme et la mauvaise foi.

Lorsqu'à l'instar de tant d'autres je critique durement Lévesque, un doute me vient parfois à l'esprit : est-ce que je n'obéirais pas, moi aussi, à ce réflexe de rejet, si anormalement développé chez les Québécois lorsqu'il s'agit d'eux-mêmes et de leurs dirigeants ? Il n'est peut-être que l'expression d'une tendance aveugle à l'autodestruction développée par trois siècles de colonisation. Comment un peuple qui n'a jamais pu se décider à prendre sa destinée en main peut-il vraiment éprouver pour lui-même de l'amour et du respect ? L'énergie qu'il ne consacre pas à sa libération, il la tourne contre lui en prenant une distance hargneuse vis-à-vis de ce qu'il est, de ses institutions, de ses chefs, un peu comme cet enfant qui, voyant les roues de son camion bloquées, le lance avec rage contre le mur et le brise.

15 mars

Eh bien ! L'installation de mon bureau est presque terminée. La belle bibliothèque que mon ami Alain m'a construite se remplit peu à peu de livres. Bon débarras, chères boîtes de carton pleines de disques et de bouquins que je traînais de place en place depuis l'université. Viviane s'occupe courageusement de classer ma paperasse et le fouillis d'objets disparates qu'une douce manie me fait amasser depuis des années.

Je vais donc quitter bientôt la petite chambre que j'occupais depuis deux ans chez Marie Millet, avec ses larges boiseries, ses deux fenêtres qui donnent sur des arbres et sa collection d'objets anciens montée par

Charles-Édouard, son père, maintenant octogénaire et retenu dans un fauteuil roulant, mais toujours vif et lucide, et tout fier de pouvoir compter parmi les premiers à s'être achetés une bouilloire électrique, une ciné-caméra 8 mm et un four à micro-ondes.

Avec sa simplicité chaleureuse et son inaltérable bonne humeur, Marie, sa fille, avait fait de leur paisible et vieille demeure comme une seconde maison pour moi. Elles vont me manquer, les pauses-café autour de la table de cuisine, les visites impromptues des amis et de la parenté, les leçons de flûte de la discrète Jocelyne, les joyeuses exclamations de Chantal, dite la pinsonne, les bonnes odeurs de soupe au poulet et de gâteau à la cannelle, la guitare électrique de Jean-Hugues, et ses retours du cégep, triomphants ou dépités, qui me faisaient revivre mon adolescence.

Je vais donc aller m'installer chez moi pour écrire lentement mes livres. Mais je sais déjà que l'envie me prendra souvent de retourner dans la grande maison vert pâle, à demi cachée parmi les arbres, toute bourdonnante de rires et de discussions.

16 mars

Depuis un mois, J., le personnage principal du roman que je suis en train d'écrire, est paralysée au milieu de la page 640 dans une scène capitale. Paralysée sur le papier, mais elle s'agite lourdement dans ma tête, furieuse que je l'aie plaquée si près du dénouement. Patience, ma bonne amie. Je termine ce journal, je vais faire un petit tour à Paris, et ensuite je ne te lâcherai plus, je te le promets. Ménage tes forces, tandis que je ramasse les miennes.

Ce soir, après dix jours de sprint dactylographique, qui m'ont mis dans une espèce d'état second, j'arrive au bout de ma route et je te dis adieu, mon journal. Dans dix minutes, je vais porter le dernier texte à mon réalisateur qui, malgré l'heure tardive, m'a promis un verre de vin pour récompenser mes efforts de ponctualité. Renversé sur une chaise dans mon petit bureau de la rue Saint-Laurent, j'examine la dernière page que je viens de mettre au propre, un peu fourbu, cherchant une faute encore cachée, content tout de même du voyage intérieur que ces cinq textes m'ont permis de faire, malgré tous leurs défauts.

Tout à l'heure, j'ai traversé la rue pour aller embrasser les enfants, que Viviane est en train de coucher. Depuis quelque temps, ma machine à écrire leur apparaît de plus en plus comme une ennemie sournoise qui leur vole des morceaux de père, et ce soir pendant le souper, entre deux bouchées de pâté chinois, Renaud m'a fait remarquer froidement qu'«être pompier, c'est beaucoup mieux qu'être écrivain».

Au moment où, après les avoir bordés, j'allais quitter la maison pour retourner à mon bureau, Alexis m'a appelé.

— Tiens, papa, prends mon walkie-talkie. Apporte-le à ton bureau et laisse-le en marche. Je veux te parler encore pendant que tu travailles.

J'ai emporté l'appareil avec moi, je l'ai déposé sur l'appui de la fenêtre à côté d'un tas de paperasse et je me suis remis à écrire en essayant d'oublier le grésillement qui remplissait la pièce.

Soudain, deux petits bips aigus retentissent. C'est le signal convenu. Je saisis l'appareil et j'appuie sur la commande d'émission :

— Allô ? Alexis ?

Quelques secondes passent. Puis j'entends la voix de mon fils, pelotonné sous ses couvertures dans l'obscurité de sa chambre. Toute faible et lointaine, elle se débat contre les bruits parasites :

— Papa… bonne nuit… Papa ?

— Oui, j'écoute.

— Papa… n'oublie pas que je suis là, hein ?

Est-ce l'effet de la distance ou de la fatigue des piles électriques ? Sa voix a pris un accent pitoyable, comme si elle parvenait d'un endroit inaccessible et désolé.

J'avale ma salive par deux fois :

— Je n'oublie pas, Alexis… Bonne nuit.

La mémoire du cœur… La plus exigeante. La plus facile à émousser. Mais c'est grâce à elle, grâce à elle seule que nous parvenons à traverser la vie.

Les textes du présent recueil ont été écrits pour le réseau CBF-FM de Radio-Canada. *Enfance* a été diffusé le 17 janvier 1979 sous le titre *Un enfant de village* dans la série «Un écrivain et son pays» (réalisation: Louis-Philippe Hébert). *La ville* a été diffusé le 30 avril 1985 dans la série «Éloges» (réalisation: Aline Legrand). *Journal 1983* et *Journal 1985* ont été diffusés respectivement du 15 au 19 août 1983 et du 10 au 14 juin 1985 dans la série «Journal intime» (réalisation: Jean Lacroix).

TABLE